读书会创始人

李海峰　彭小六　主编

华中科技大学出版社
http://press.hust.edu.cn
中国·武汉

图书在版编目（CIP）数据

读书会创始人/李海峰，彭小六主编.—武汉：华中科技大学出版社，2024.5
ISBN 978-7-5772-0706-3

Ⅰ.①读… Ⅱ.①李… ②彭… Ⅲ.①读书活动-研究-中国
Ⅳ.①G252.17

中国国家版本馆 CIP 数据核字(2024)第 062950 号

读书会创始人　　　　　　　　　　　李海峰　彭小六　主编
Dushuhui Chuangshiren

策划编辑：沈　柳
责任编辑：沈　柳
封面设计：琥珀视觉
责任校对：王亚钦
责任监印：朱　玢
出版发行：华中科技大学出版社(中国·武汉)　　电话：(027)81321913
　　　　　武汉市东湖新技术开发区华工科技园　　邮编：430223
录　　排：武汉蓝色匠心图文设计有限公司
印　　刷：湖北新华印务有限公司
开　　本：880mm×1230mm　1/32
印　　张：8.625
字　　数：216 千字
版　　次：2024 年 5 月第 1 版第 1 次印刷
定　　价：55.00 元

本书若有印装质量问题，请向出版社营销中心调换
全国免费服务热线：400-6679-118　　竭诚为您服务
版权所有　侵权必究

PREFACE
序 言

很高兴能协助彭小六老师主编这本《读书会创始人》。

2023 年底，熟悉彭小六的朋友们突然发现了他的新身份——以视频号直播为主要招募方式的**读书会创始人社区的主理人**。

直播了 6 个月后，他吸引了上万名观众；经过 7 个月的运营，他推出的 199 元的小课程，商品交易总额（GMV）突破百万元大关；读书会创始人社群的成员数量也突破了 5000 人。彭小六再次活出了很多人羡慕的样子。

说"再次"，是因为彭小六早已成名，从"简书一哥"到个人品牌专家，再到洋葱阅读法创始人，也是《让未来现在就来》《颠覆平庸》《洋葱阅读法》等多本畅销书的作者。

他不断切换赛道，却能保持向上生长并拿到不错的成绩，这和他喜欢看书、擅长解读书籍并能组织大家共同深入阅读的才能密不可分。

在这本书里，彭小六老师毫无保留地和大家分享了他的宝贵实践经验。

这本书会成为举办读书会的"小黄书宝典"。

它为想要举办读书会的个人和团队提供了**全面的指导和建议,有理论、有案例**。

它让我们看到了整个读书会的地图,并且针对三种不同类型的读书会——线下共创型读书会、社群领读型读书会和讲书型读书会——进行了深入解析。它指导我们如何为线下共创型读书会选书、开场、讲解、共读、分享、共创和收尾,社群领读型读书会如何寻找重点、打上情绪标签、解释要点、制作 PPT,讲书型读书会如何开场、讲解重点和收尾。

书中还收录了 23 个真实的案例。无论你是新手小白,还是有经验的组织者,都能从中获得启发,找到共鸣。这些案例中,有些人因为读书会走出阴霾,改变人生;有些人将读书会与自己的本职工作相结合,获得更好的职业发展。**他们同时也是人际关系必修课工作坊的认证讲师**。

我把这些合著者的二维码都放在书里面,你可以直接扫码和他们取得联系,并获得他们的支持和帮助。

比起让你掌握举办读书会的具体方法,我更关心的是**你因为这本书变得更好**。

《读书会创始人》这本书，不仅教会你如何举办读书会，它更是一本能够引领你向更好的自己迈进的书。

彭小六老师是我们 DISC＋社群 F35 期的学长，他的同期同学群星闪耀，包括知名的自媒体人剽悍一只猫、叫我龙兄等。

彭小六老师是新生时，在课程中演绎小品，与多位"女友"互动，让人印象深刻；作为优秀学长，彭小六老师在线下 DISC 商学院和沙龙活动中担任分享嘉宾，参与合集书的出版，成为《培训杂志》的封面人物，在腾讯会议官方职场季中担任嘉宾。

彭小六老师不仅在 DISC＋社群中活跃，他在很多学习场合都会出现，哪怕不是担任讲师或嘉宾，只是作为一名普通的学员和参与者，他也热情满满。**他是我见过的最能放下恐惧和骄傲的人之一。**

他总能保证活动的整体效果不会低于行业平均水平。**彭小六就是这么的靠谱，他的优秀很难不被注意到。**

因此，我特别希望大家和他的缘分不仅仅停留在看他的书这个层面上。如果可以，请大家直接加入读书会创始人社群。我说了这么多，都不如你亲自听听小六的声音，扫码关注彭小六的视频号，让他直接为你开讲。

爱读书、会读书的人是幸福的,致力于帮助这些爱书之人的人是值得我们尊敬的。读书会创始人联盟所秉承的实践理念是:**一个人影响一群人,一群人改变一座城**。

我是李海峰,我在 2023 年加入了彭小六老师的读书会创始人社群,我期待与更多的朋友建立联系。

李海峰

独立投资人

畅销书出品人

DISC+社群联合创始人

2024 年 4 月 28 日

目录

第1章 启动地图

第一节 分析概念 / 4
第二节 明确利益 / 9
第三节 快速上手 / 17

第2章 线下共创型读书会

第一节 预备——选书 / 43
第二节 开场 / 45
第三节 讲解阅读方法 / 50
第四节 共读 / 51
第五节 分享 / 53
第六节 共创 / 55
第七节 结尾 / 58

第3章 社群领读型读书会

第一节 寻找重点 / 67
第二节 情绪标签 / 74

第三节　解释重点 / 77
　　第四节　PPT 课件 / 84

第 4 章　讲书型读书会

　　第一节　如何开场？ / 90
　　第二节　讲解重点 / 96
　　第三节　如何结尾 / 101

第 5 章　读书会实践案例

　　我与读书会的故事　　　／赵芙蓉／114
　　好玩又治愈的读书会　　／李健／118
　　见天地、见众生、见自己——读书会让你我遇见更好的自己
　　　　　　　　　　　　　　　　　　　　／阿布／124
　　从走出来到站上台——我和读书会的故事　／镜洁／131
　　用培训拓展的方式提升参与感　／刘钰／138
　　读书会对我人生的影响　／韦满梅／144
　　从抗拒阅读到爱上阅读，读书会改变了我的人生　／尤美军／150
　　ChatGPT——读书会策划小助手　／甘祖玲／154
　　妈妈赋能读书会，献给世界上最应该阅读的一群人　／韩萌／162
　　如何办好一场线下读书会？　／何伟／168
　　如何将读书会与整理职业相结合？　／黄冬梅／174
　　办个"安心去爱"高体验读书会，助你吸引更多人　／刘静／181
　　如何利用读书在线上赚钱？　／马如全／192
　　3 张便签、1 套流程，搞定 60 分钟拆书活动　／千户／200

如何开展一场读书会？　　／锐斌　／207

掌握五步法，新手也可以轻松策划读书会　　／杨小丫　／213

如何用DISC模型设计读书会？以3·8女神节主题读书会为例

　　　　　　　　　　　　　　　　　　　／昝翠　／219

以读促培——以某电力公司青年员工《高效能人士的七个习惯》
读书会活动为例　　／李李（Lily）／225

家庭教育类读书会怎么做？　　／美华　／229

家庭读书会，共读促成长　　／倩倩　／239

举办自己行业的读书会　　／邱春良　／246

如何开展亲子读书会？　　／羽桐　／252

闲坑剧本杀，打造三好读书会　　／张伟　／258

第一章
启动地图

一个人影响一群人，一群人改变一座城。欢迎你来到读书会创始人俱乐部！首先，让我简单地做一个自我介绍，我是你的领读人，也是你的教导员——彭小六。我现在在深圳定居，是一个自由职业者，也是一个全职奶爸。我出版过一些书，其中包括与阅读相关的《洋葱阅读法》和与个人成长相关的《让未来现在就来》《颠覆平庸》。同时，我也是读书会创始社区的主理人。然而，在10年前，我还是一个在三线城市、对自己的人生感到迷茫的程序员。

时间回到2014年，那时候的我天天对着电脑写代码。我这个快30岁的小伙子陷入了人生的低谷，处于"四没状态"：没想法、没钱、没人脉、没能力。

我曾尝试过开淘宝店，结果因为不擅长经营，血本无归；也尝试过做编程的兼职，但兼职机会太少了。后来，因为一次偶然的机会，我参加了一场在苏州举办的线下读书会。

那次，参加完读书会的我，在回来后写笔记时，这样写道："他们很友善地邀请我分享观点，然后耐心地听我在那磕磕巴巴地讲。"那是我第一次参加读书会。那个时候的我不善于表达，也不知道读书会是什么，但也正是因为那次机会，我明白了：

①阅读不仅仅是自娱自乐，也可以学以致用；
②学习从来都不是一个人的事，可以找到一群人，一起去努力。

即使身在三线城市，我依然可以通过读书会找到一群志同道合的伙伴。

对呀！为什么我不可以通过学习来实现升职加薪呢！

在那之后，我仿佛找到了一根关于个人成长的救命稻草。于是，我就开始每周参加读书会活动。几乎每个周末，我都会从江苏镇江坐高铁，花费一个多小时到两个小时的时间，到苏州、南京、上海等周边的城市，去参加读书会活动。我将这个学习旅程称为"两小时的学习圈"。这一参加就是两年多。

我从一个读书会的参与者，慢慢变成了一个分享者和组织者。后来，我也将读书会引进到了镇江，在公司内部做了很多的活动，我边学习、边分享、边组织。

我逐渐发现我还拥有帮助更多人的能力，于是总结出了后来的洋葱阅读法，并帮助全国各地的朋友创建他们的读书会。阅读改变了我，我也想让更多还在三线城市、处在"四没状态"中的"彭小六们"，通过阅读，获得力量。

那为什么我从教阅读变成教做读书会呢？这是因为从 2020 年开始，我看到很多爱读书的小伙伴在面对疫情和经济压力时，希望把自己的阅读能力转化为副业。经过大量的咨询、测试之后，我回到了我的成长原点：**我也是靠阅读（能力）＋读书会（形式）开始走上副业之路的**。于是，就有了你手上的这本书。

接下来，我将结合自己做阅读推广和读书会的一些经验，和你一起探讨如何做读书会。

在正式展开之前，我希望大家掌握做读书会的一些基础心法，即概念、收益和地图（方法）。

1. 读书会的概念

我们要弄明白一些关键知识点，比如，读书会是什么？

2. 读书会的收益

创办读书会到底有什么好处？

3. 如何创建读书会

如何操作？让从零开始创建读书会的你有一个明确的方向。

第一节 分析概念

分析 1：读书会具体是指什么？

你可能听说过或者在朋友圈看到过各种形式的读书会活动，比如沙龙、读书会、拆书会、私董会、工作坊……那我们所说的读书会是什么呢？

1. 分类

读书会有 3 种常见的类型：社群领读型、线下共创型和讲书型读书会。

（1）社群领读型

由作者或者主讲人发起并主讲，其他人听，我们称之为领读型读书会。时间一般为 3—5 天，也可以是 21 天，甚至为了读一本书，创建一个年度社群，比如冯唐的《资治通鉴》年度读书会。

（2）线下共创型

这种形式的读书会通常持续 2—3 小时。参与者围绕书中的一个片段进行讨论，不仅讨论感受和收获，更多的是要基于书中的内容，解决很具体的问题。

（3）讲书型（线下/线上）

线下讲书型：每个人分享一本自己带来的书。一场活动下来，每个人至少能够掌握四五本书的内容，让参与者对更多书产生兴趣。

线上讲书型：在直播间讲书，主讲人从书中挑选多个知识点，每讲一个知识点就暂停,推荐并引导大家购买橱窗中的书。

2. 案例

(1) 领读型读书会

以我个人的经历为例,当我写的第一本书《让未来现在就来——成为高效能的行动派》出版时,我就和苏州、南京等沪宁线周边城市的小伙伴们共同举办了读书会活动。我作为领读人,向参与者讲解书中内容以及阅读的方法。这种读书会,我们称为领读型读书会。

(2) 共创型读书会

以行动派内部为例,我们做过一场以"如何提升项目的业绩"为主题的读书会。围绕这个主题,我们挑选了《增长思维》这本书来共创。作为领读人,我让每个参加读书会的人负责掌握其中一个章节的内容,然后再结合公司现有项目中的增长问题,提出建议。我们将这种"借助书籍,发现问题,创造答案"的读书会称为共创型读书会。

(3) 讲书型读书会

每位参与者都要分享一本自己最近阅读或者自己很喜欢的一本书,并将其内容讲给别人听。这种读书会称为讲书型读书会。

(4) 其他类型的读书会

本书重点讲解上述三种常见的读书会类型,实际上还有很多其他类型,如沙龙、结合一些户外活动的读书会等。因为篇幅有限,我不可能把所有类型的读书会都讲一遍,所以我挑选了易于组织且实用的三种类型进行讲解。

分析 2:读书会创始人和培训师有什么区别?

1. 定义

很多人想知道,读书会创始人是否类似于培训师?其实,**读书会**

创始人的角色定位介于读者（阅读者）和讲师之间。

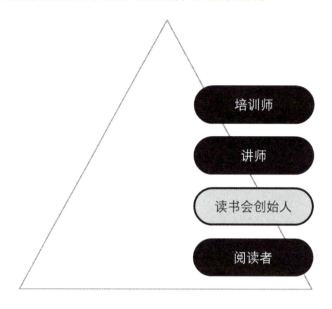

(1) **阅读者**

绝大多数的人都是阅读者，会自行读一些书。

(2) **读书会创始人**

如果你想要提升自己的角色定位，你可以去做一个读书会创始人，带领或者组织他人共读某一类书籍。

(3) **讲师**

当你经历了这个过程之后，再往上是什么呢？从领读者变成讲师，甚至成为引导师，你可以将很多本书或者同一个主题的书整合为一门课，并把这门课讲给别人听。

(4) **培训师**

最后，你就可以将这些书和课结合起来，为企业提供一些解决方案，帮助他们将知识应用于实际工作中，你就成了培训师。

2. 作用

在从读者向讲师和培训师演变的进阶过程中，成为读书会创始人是一个必经的阶段。

如果你尝试举办读书会，感到很艰难，那再往上发展成为讲师和培训师，难度就更大了。因此，**尝试做读书会创始人，发起并运营一个读书会，是你未来知识变现道路上的一块试金石，有助于检验自己是否具备相应的能力。**

3. "牛油果" ——个人品牌的三个标准

（1）什么叫"牛油果"

在知识变现和个人品牌领域，我个人认为有三个标准，可以简称"牛油果"。

牛：你在自己的专业领域要"牛"，你的知识体系要很牢固。在这个专业领域里，你已经学了很长一段时间。

油：所谓的"油"，即游刃有余。在这个领域，解决一些比较常见的棘手问题时，你有非常多、简单有效的工具、方法，即你有解决问题的能力，而不仅仅是积累了很多知识。

果：你能够不断地产出这个领域的成果，如课程、图书或项目等。除了自己取得成果之外，还可以帮助你身边的学员和用户取得成果。

（2）"牛油果"的作用

我们可以用"牛油果"来评估一个人在某个领域是否具备专家水平和检验个人品牌强度。

通过这三个标准，我们可以评估一位读书会创始人的专业度和个人品牌强度。如果作为一个阅读者，你就不需要具备"牛""油"和"果"。

	牛	油	果
培训师	√	√	√
讲师	√	√	×
读书会创始人	×	√	×
阅读者	×	×	×

（3）读书会创始人需要具备的能力

如果你作为一个读书会创始人，那你需要掌握什么？需要掌握做读书会的流程。

即使你不是这个领域的专家，你也可以通过掌握这套流程，不断学习和进步。然后，带着自己的问题，找到一群人一起学习，就足够了。

（4）讲师需要具备的能力

你要成为一个讲师，需要具备以下能力。

- 在授课领域具有足够的专业度。
- 牢固的知识体系。
- 熟悉讲课流程。
- 不需要有成果，但应具备帮助学员取得成果的能力。

（5）培训师需要具备的能力

现在很多人在网上发视频，做一些分享，不需要有非常专业的输出，但到了培训师这个阶段，"牛油果"这三个标准基本都需要满足。

因为企业或培训公司在聘请培训师时，一般都会评估其专业程度和经验。

企业评估培训师的标准包括：有没有一些非常知名的、系统化的教学流程？有没有做过大型项目，为一些企业客户带来实际产出？

如果企业要求你去组织一场读书会，则没有这么多要求，你只需要学会一些流程就可以了。当然，随着读书会越做越多，成为培训师所必须掌握的很多基本功就会得到强化，此时你再升级去做培训师并设计自己的项目。比如好讲师读书会，一开始它也是一个标准的读书会，我带大家一起读一些跟讲师相关的书。经过了 2 年多的共读学习沉淀后，我们慢慢总结出了属于自己的课程和方法体系，从而使好讲师读书会从一个读书会变成一个训练营。

第二节　明确利益

做读书会到底有什么样的好处？我相信你或多或少都参加过或听说过读书会，所以关于其好处，我相信你一定能想到很多。

我采访过一些做过很多次读书会的伙伴、老师，通过他们的经验，结合我自己的心得，总结出做读书会对于创办者、发起人有以下好处。

- **找到同好**。
- **能力提升**。
- **项目统筹**。
- **资源变现**。
- **社群黏性**。

学习者：找到同好

如果你想要深入学习一个专业领域，除了自己看书和上课，还有一种学习形式特别重要，那就是群体学习，我称它为"军师联盟"。什么是"军师联盟"？想象一下，一群很厉害的人围绕一个主题展开交流的场景。

这种交流的形式，自古有之。我们中国人很熟悉的一个成语"百家争鸣"便源于此。这个词其实就来自战国时期齐国组织的学习型社群——稷下学宫。据记载，当时诸子百家几乎所有的代表人物都去过稷下学宫。他们大多像孔子一样，带领学生组成教学团队，在宽敞的宫殿里讲学、授课、传业。

这种专家联盟在十七世纪的欧洲也很盛行。当时在法国，文人墨客、哲学家、思想家乃至演员名流们，喜欢聚在咖啡馆里，一边喝着咖啡，品着马卡龙，一边阅读某本书的节选，然后大家畅所欲言，交流看法。因此，在普罗可布咖啡馆（LE PROCOPE），我们能看到伏尔泰、卢梭、狄德罗的踪迹和欧洲启蒙运动的源头；在花神咖啡馆（CAFE DE FLORE），我们见证了存在主义的萌芽，也见证了波伏娃与萨特的旷世奇情；而在双叟咖啡馆（LES DEUX MAGOTS），我们还能感受到超现实主义的兴起以及王尔德、海明威的落魄。

我曾调研过一个台湾地区的 HPX 心理学读书会。这个读书会的主要活动是阅读与心理学相关的书籍。因为很多年轻人现在都有焦虑情绪，所以他们就以此为切入点，吸引对心理学感兴趣的小伙伴。通过这个读书会把他们聚集在一起，每周开展不同的小组活动，共同阅读心理学相关书籍。

所以这是第一个好处：**找到同好**。正如萧伯纳所说："你有一个苹果，我们交换一下，你我还是都只有一个苹果，但是如果你有一个思想，我们交换一下，你我就有两种思想。"当大家都对这个话题感兴趣时，就聚在一起，以书本为媒介，展开深入交流。

能力提升

很多人担心自己的表达能力不行，说话缺乏逻辑和没有重点。

那怎么提高呢？是靠演讲，还是靠写文章？这些都可以，但对新手来说都太难了，**最简单的方法就是先从只言片语开始练习**。

以拆书帮为例，你不需要针对整本书发表见解，你只需要针对一个片段甚至一句话，分享自己的理解就可以了。我刚开始参加读书会的时候，都是先听别人讲书，然后借助便签，说几句自己的看法。虽然说得磕磕巴巴，但是在读书会，大家都会耐心倾听你的发言。这可是花钱都买不到的锻炼机会呀！

我曾经是一个三线城市的程序员，但我参加读书会和举办读书会之后，我的表达能力有了很大的提升。我从一个只会对着电脑的封闭式人物，慢慢变成乐意分享的人，所以我后来也有了很多的角色：分享者、教练、咨询顾问、培训师等。而这些身份扩展了我的人脉，让我在公司和工作中获得了更多的机会。

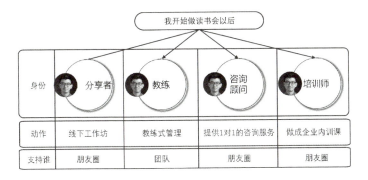

项目统筹

如果你要做一个读书会，你会锻炼出一种很多人非常容易忽视的能力——**项目统筹能力**。

想象一下，在职场中，每个人都有自己的工作职责，你只需要专注地把自己手上的事做好，接触到的人很少，也不需要去协调很多的资源。但是，突然有一天，你要开始做一个属于自己的读书会了，这时候，你会发现，你有很多事情要做。

- 需要招聘人员。
- 需要寻找场地。
- 需要准备材料。
- 需要与每一个参加的人对接。
- 需要将活动从开始到结束全盘进行考虑。
- 结束时，还需要邀请大家复盘，并将成果发布到网上。

……

你看整个过程就是一个非常迷你的项目。通过举办读书会，你能够掌握在职场中一个非常重要的能力——项目统筹能力。

项目统筹能力是协调资源、解决问题的能力。项目统筹能力在工作中的应用，就是单独一个人去协调资源、解决问题。在创办读书会的全流程中，你会发现其实有很多的环节，如选书、招募团队、场地设备、物料、运营流程以及转化等，发起一场读书会，就相当于负责一个小型的项目。

在公司里，你可能不需要协调很多人；但当你在下班后，去做一个这样的读书会时，你会发现从策划到协调、执行，你会得到充分的锻炼。因此，**如果你人在职场，想要提升自己的项目统筹能力，做读书会是一个低成本的积累经验的方式。**

资源变现

变现方式可分为直接变现和间接变现两种。

1. 直接变现

案例1：梦想早读会

例如，在2017—2019年，我做过一个早读项目，叫梦想早读会。那个时候，每位参与者的学费约为1600元，我招了将近1000人，大概是这样一个收入水平。我从2019年开始创办好讲师读书会，至今服务了2000多位老师。这是实打实的变现方式。

案例2：会员制读书

在好讲师和我的同学中，也有不少人采用会员制变现。例如，有的老师做300元/月的会员制，提供一周、一个月或者半年等不同期限的会员服务。古典老师的个人发展共读会就是这种类型。

这都是直接收费的形式，这个比较好理解，通过读书会直接变现。

2. 间接变现

除了直接变现之外，还有一种间接变现方式。

有的同学可能会说："我觉得做读书会也行，但是你让我收费，我觉得好像还没到时候，或者说我还有点不太敢。"

怎么办呢？

这种想法我也有过。当时我在拆书帮做公益性读书会的时候，做了一两年，才敢小心翼翼地开始收费，而且每次每人仅收30元、

50 元、60 元。有一次每人收 90 元，我特别开心，因为忙了一天，能够赚 200 多元钱。所以说，变现思维、变现能力或者说变现信心，是一步一步培养出来的。

在做读书会时，如果你不能马上直接变现的话，可以尝试一下通过做读书会积累一些东西。

变现是做读书会的目的，但除了变现这个目的外，还有三个至关重要的目的，那就是**积累能力、积累资源、积累信任**。

（1）积累能力

积累能力，包括积累学习能力、表达能力和项目统筹能力。这些都是你在创办读书会的时候能够积累的，或者说你能够在创办过程中感受到自己的能力有所提升。

（2）积累资源

如果你举办读书会，尤其是城市线下读书会，就会发现一个有趣的现象。当你组织了一个读书会之后，这个城市中原本不认识的一些人，包括商家和优秀的人才，都可能因为你这个读书会产生交集。

我们将这些优秀的人才和同伴，统称为资源，是能够持续帮助你的资源。一个人能取得成功，金钱只是其中一种因素而已，比金钱更重要的，是刚才讲到的人才和同伴，他们能为你提供更持续的帮助。

（3）积累信任

除了能力和资源之外，持续举办读书会还能帮助你积累信任。这对于有意打造个人品牌的伙伴们来说尤为重要。因此，能力、资源、信任是举办读书会带来的间接收益。有了这些间接收益，别人就会从单纯的认识你变成认可你，也就有了认购你的产品或服务的机会。你就会发现，你在朋友圈里面可以尝试卖很多东西，如带货、做咨询、卖课程、销售社群会员，甚至直接用于升职加薪。

现在经常说直播、短视频和朋友圈，你会发现最终积累的财富来自别人对你的信任。

如果你关注视频号直播间，你会发现一些做社群电商的朋友也在做读书会，他们一般都是在直播间直接推广产品，服务对象主要是社群用户。他们的做法是先利用读书会聚人气，然后卖微商产品盈利，反哺读书会。例如，免费讲解父母效能训练 P.E.T 和私董会等内容，另外开群卖母婴产品等多元化商品。虽然身处四线城市，但他们的收入十分可观。

3. 从变现思维到资源思维

读书会是免费的，但是它可以帮助你在能力、资源和信任度上积累经验，当你准备出售自己的一些服务时，就变得顺理成章了。将读书会当作一个入口，如果你发现自己没有特别大的流量，没有办法通过读书会直接赚钱，你就可以尝试做长线。

我的老师，DISC＋社群的李海峰老师，提过变现思维，他说要跳出单一的通道，进行多边交易，提供价值支撑。很多人提到变现就想到卖课赚钱，但实际上完全可以把变现思维转变为资源思维，进行多边的交易，提供价值和支持，以积累自己的能力、资源和信任度。例如，我刚开始做读书会时，基本上都没有赚钱，但是在能力和角色方面得到了很多新机会，让我有能力去支持更多的人。

什么叫变现？变现就是交易嘛！因此，提高赚钱能力的方法有两种：一是增加交易人数，二是提高现有交易商品或服务的定价。以我为例，我原来是一个程序员，我的收入来源只有写代码这一个渠道。随着我的沟通能力的提升，我慢慢成为产品经理和项目经理，学会了项目统筹，这使我能够为上级提供更多支持，我的薪资自然也提高了。

资源思维也解答了我们很多同学的问题,即使读书会是公益性质的,但做公益读书会的目的并不是要告诉大家自己不关心钱。这其实跟钱没有关系,无论你赚不赚钱,你都应该得到一些积极正向的反馈。如果没有人给你一些正反馈,你会发现很难坚持下去。我的读书会老朋友河马老师提出了一个很有意思的观点:**你不要做蜡烛,你要做充气型打火机。因为蜡烛燃烧自己,照亮别人,这种做法很难持久。**我们在苏州做读书会的时候,一开始也是一腔热血,自己贴钱买物料,自己租场地,但是大家的动力慢慢就不那么足了。你要做什么呢?你要做打火机。这样可以持续地照亮别人,但同时你也需要打气加油。你不断地给自己打气,才有可能帮助和点燃更多的人。

社群黏性

如果你已经有了一些自己的课程,或者你是从事服务型产业的,例如保险理财、房产中介或驾校教练等,即有自己的学员和客户,你可以做什么呢?可以通过读书会来增加学员和客户的社群黏性。

借助"一千个铁杆粉丝理论",即美国知名学者凯文·凯利提出的观点:无论是艺术家、作家,还是自媒体,只要拥有 1000 个铁杆粉丝,就能维持生计。但怎么保证这 1000 个人一直关注和支持你呢?答案是可以通过举办读书会等活动来维持联系。

案例 1:洋葱阅读线上自习室

在上完洋葱阅读课后,我就会设立一个线上自习室,组织学员进行线上读书交流。这种方式能保证学员学完后仍能保持活跃,有机会与其他同学交流。

案例2：好讲师读书会

好讲师读书会每月举办一期，5天共读一本书。

我们曾共读过《学会自学》等好书，共读的书籍涵盖学习力、讲师专业技能等方面。这些活动都是免费的。为什么免费？因为要增加社群黏性，让学员们感受到：噢，我们一直都在一起。你想想看，如果某用户半年或一年都没有联系过你，或者都没有参与过你组织的活动，那基本上这个用户就不会再关注你了。

除了线上活动，线下活动的效果会更好。有句话说得好："**线上聊千遍，不如线下见一面。**"我特别鼓励你回归线下，因为线下活动会强化读书会对创办者的好处。

第三节　快速上手

厘清了概念，明确了利益，那接下来的步骤和流程是什么呢？大家不要着急，我先给大家看一个关于如何做读书会的咨询案例。

案例：关于如何做一次读书会的咨询对话

P老师：小六老师，下午好！因为特殊原因，年后我会回到一个四线城市生活。我的主业是财务工作，工资太低，所以想发展副业。经过考虑，我想做读书活动，用读书点亮这座城市，带动更多的人爱上阅读。我不知道第一步应该怎么做。

彭小六：你做读书会的目的是什么呢？

P老师：简单地说，通过读书与这座城市的人联系起来，使更多的人爱上阅读，实现个人品牌变现。但是，我个人的知识体系和阅读方法等的积累还不够多。

彭小六：那你期待一年后的这个时候，你跟我们分享你的成果时，你将告诉我们，你做到了什么？

P老师：我掌握了让100个人学会阅读的方法。

彭小六：影响100个人，帮助他们学会阅读的方法，对吗？

P老师：是的。

彭小六：这个目标太棒了！那为了实现这个目标，你觉得在这一年里，你可以尝试做些什么呢（在不考虑自己的能力和金钱的情况下）？

P老师：先建立共读群。

彭小六：还有吗？

P老师：周末的时候，举办读书会，三五个人一起。目前想到的就只有这两个方法。

彭小六：做一个共读会，周末召集3—5个人一起阅读，对吗？

P老师：是的。

彭小六：这个主意很棒，行动派都是这样起家的，琦琦他们3—5个人经常聚会，慢慢吸引更多人加入。那为了做好这个读书会，你现在已具备哪些基础条件呢？

P老师：我本人坚持跑步四年了，几乎每天十公里。我有一个美好的愿望，希望让更多的人跑步与读书同时进行。

彭小六：每天十公里！坚持了四年！太厉害了吧！

P老师：基础条件是可以尝试做好社群共读。

彭小六：有毅力，有初心！除此之外，你觉得还需要具备哪些条件，才能把这个读书会做好？

P老师：想通过本地的跑团，先认识一些跑友（因为刚回来，都还不认识），先约这些跑步的朋友一起读书。

彭小六：要想做好一个线下读书会，需要具备的条件包括组织能力、人脉（跑步圈）、选书和读书的能力。对吗？

P老师：对，对。小六老师总结得很好。

彭小六：那除此之外，你觉得还需要什么条件？

P老师：我的时间应该是充裕的，但没有办读书会的场地，应该要租借，费用应该不高，再准备些水果、茶点。

彭小六：新增场地、茶歇。

P老师：来参加我的读书会的人一定也是认同我的理念的，喜欢读书、跑步，至少有一个愿景，那就是让自己越来越好。选人很重要，对吧，小六老师？

彭小六：再增加一条，确定参与者的筛选规则。你有参加过一些线下的读书会吗？

P老师：没有。不过，我看到过大家的分享。

彭小六：那你还能想到其他需要准备的东西吗？

P老师：书、工具、笔。

彭小六：物料准备（纸、笔、便利贴），还有吗？

P老师：投影机？暂时不需要吧？

彭小六：是必需的吗？

P老师：我觉得暂时不是必需的，外在的东西我想到的就这些了，内在条件是需要有一颗热情、积极分享的心。

彭小六：我总结一下，所需条件包括一颗热情与积极分享的心（你已经有了）、组织能力、人脉（跑步圈）、确定参与者的筛选规则、选书和读书的能力、场地与茶歇、物料准备（纸、笔、便利贴）。

P老师：对。

彭小六：接下来，你觉得在这些条件中，哪些对你来说是很难的？

P老师：读书会流程和物料。

黄心心（天赋养育顾问）：我自己的流程可以分享给你，首先是破冰活动（游戏、自我介绍、玩卡牌之类），然后就可以讲书，大家讨论交流，再总结。如果是每人分享一本书，还可以准备火箭图。再分享一个方法，也是当年我常用的，就是去公众号搜索读书会。如果有确定的书目，基本都搜得到，很多读书会甚至有全程记录。

彭小六：咱们的洋葱阅读教材里也有流程，我当年也是这么做的，先完成，再完美。洋葱教材里有很多工具都可以用。

P老师：好，我再复习一遍，太感谢你了。

黄心心（天赋养育顾问）：不客气。

P老师：这样梳理下来，感觉也没有那么难。

彭小六：大家群策群力，你看，如何做一场读书会，就很清晰啦！现在感觉怎么样？

P老师：思路更加清晰了，现在就差我的行动了。我要按照小六老师的流程进一步完善。

彭小六：如果一个月后，让你来跟我们分享你的活动，你觉得那时候会跟我们分享什么成果呢？

P老师：我已经成功举办了一场读书会。

彭小六：如果你来分享你做读书会的经历，就可以讲讲具体的细节了。

看完上面的对话，你有什么感受？读书会不难吧？那么举办读书会，它包括哪些具体的阶段？怎样从0开始创建一个属于自己的读书会？我认为最关键的有三个阶段，即定位、运行和吸引。

创办读书会的三个阶段

1. 定位的三个问题

什么叫定位？所谓的定位，即谋定而行。作为一个读书会创始人，你要问自己三个问题。

- **主题**：读书会的主题是什么？
- **动机**：读书会的目的是什么？
- **书籍**：要准备什么书来举办读书会？

（1）确定主题——竹林策略

在确定读书会主题时，我们可以借鉴竹林策略。竹林策略可以分为三个部分：**竹竿、竹根和竹笋**。

竹竿——职业角色：选择与你当前职业或者角色相关的主题。

竹根——能力：选择与你的能力相匹配的书籍。

竹笋——兴趣：选择一些与你的角色无直接关系但能满足你个人兴趣的主题。

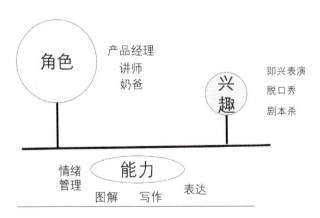

假如我现在要去做一个读书会,采用竹林策略来确定主题。

①根据角色来选主题。

我目前是一个讲师,同时也是创始人、产品经理和奶爸。

作为创始人,我可以组织与创业相关的读书会。

作为奶爸,我可以组织与育儿相关的读书会,吸引小区内的奶爸奶妈们参加。

②根据能力来选主题。

我的图解、写作、表达和情绪管理能力,可以让我组织关于写作技巧和表达能力的读书会,我也可以利用这些能力去找一些话题来做读书会。

③基于兴趣来选主题。

当然,我也可以做我感兴趣的主题,例如剧本杀、脱口秀。最近我读了一本与脱口秀相关的书,我认为最近脱口秀很火,所以我也可以组织此主题的读书会。

你发现了吗?一个人可以做好几个读书会,每一个读书会都有自己的主题。有了竹林策略之后,我们就有很多主题可以选择。当你发现这个主题没什么人感兴趣,就换个主题,只要是与你的决策、能力、兴趣相关的,你都可以持续尝试。

你可能会说,面临很多选项时,无法做出决策,该怎么办呢?南宁的一位猫叔,他在100多场读书会上分享了一个很有意思的办法:同时举办两场读书会。

第一场读书会可以设定一个松散的主题,每个月尝试不同的内容,可以不赚钱,就为了练本领、摸索试错。

第二场读书会可以设定一个固定的主题,常年不变,收取一定的费用,而第一个读书会则可以作为公益引流课,吸引更多的参与者。

总之，做读书会最大的受益人一定是你自己，所以当你有很多选择的时候，问问自己，今年最想提升或者修炼哪种能力？

（2）创办目的——直接和间接变现

创办读书会可以采用两种变现方式：直接变现和间接变现。

①粉丝超过 1000 人——直接变现。

直接变现：如果你的朋友圈有超过 1000 个粉丝，可以尝试直接变现。当然这可能是一种比较粗暴的方式，但是它可以作为参考。

②没人、没资源——间接变现。

间接变现：如果你觉得自己目前粉丝不多，朋友圈人数有限，或者在这个城市认识的人不多，那我建议你尝试用第二种方式。先通过做读书会来积累资源、信任和能力，逐渐增加朋友圈人数，然后再尝试开展带货、咨询、课程、社群运营或者知识变现。

在做读书会时，你一定要明确你是想直接变现，还是间接变现。无论是直接变现，还是间接变现，都会给你带来正反馈，都可以帮助你持续地影响别人。

（3）确定书目

①同一个主题的书籍选择。

例如，你要做一个讲师读书会，你就要挑出与主题相关的一些书籍。现在出版业发达，你会发现同一个主题能找到很多本相关图书。

你要弄清楚哪些书适合做共读，哪些书适合做读书会。

②先列可选项。

例如，如果你想做爱情读书会，你可以找出 30 本书作为可选项。

③邀请他人推荐。

例如，在七夕节的爱情主题读书会上，你可以邀请参与者推荐他们看过的一些与爱情相关的书籍，然后从中挑选适合做读书会的书籍。

2. 运行

在第二个阶段，你需要开始运行读书会。

在运行过程中，需要考虑以下几个问题。人从哪来？读什么？过程怎么安排？在哪里读？

（1）做读书会的三个基本要素

三个基本要素是人、货、场，即大家经常提到的对象、内容和场地。

（2）目标人群的类型

在《如何共读一本书》中有这样一个观点：参加读书会的人通常分为三种类型：**自燃型、易燃型和绝燃型**。

自燃型（占比 20%）：自燃型的人会主动参加你的读书会。你只要邀请，甚至你没有邀请，他都会主动关注你的读书会，并可能主动参加。

易燃型（占比 40%）：易燃型的人要受到邀请才会参加读书会，所以你要主动邀请他参加。

绝燃型（占比 40%）：绝燃型的人无论是否受到邀请，都不太可能改变自己的意愿。他可能因为心情好会来参加，也可能因为心情不好不参加。他不会因为你的邀请，或者 1 对 1 沟通而改变想法。另外，这 40% 的人里面还有一部分人肯定不会参加，因为他们对阅读没有兴趣。

读书会的目标用户群应该是哪两类？**目标用户群应该是自燃型和**

易燃型。自燃型的人，你不用邀请他，他都会主动来报名参加你的读书会。易燃型的人，你要1对1邀请，或者主动将读书会的信息发给他，邀请他参加。绝燃型的人则不用过多关注，将重心放在前面两种类型的人身上即可。

这两类人在哪里？这两类人可以在你的朋友圈、同事圈和同学圈中找到。例如，你可以在群里邀请对读书会感兴趣的小伙伴，我相信群里的人要么是自燃型，要么是易燃型，否则他不会来参加这个读书会或课程。所以，在创始人这个群里面，其实有很多人值得关注。如果他离你的城市很近或者他的兴趣点与读书会的话题相近，你可以直接邀请他参加你的读书会。

读书会与其说分享的是书，不如说分享的是人。

在一开始，特别是启动阶段，你只需要邀请身边的朋友、同事甚至家人参加。刚开始人少没关系，你不要想刚开始就有二三十人参加，只要凑齐三五个人，就可以举办读书会。

我印象特别深刻的是行动派的创始人琦琦在刚开始创业时，其实也是从读书会开始的。最开始只有两个人参加，有的人会因为这个原因或那个原因没来，只要有交流的可能，那这个读书会就是成功的，所以，先积累经验，人数会慢慢增加的。我后面会讲到怎么吸引越来越多的人参加。

（3）读什么内容

①别指望参与者会提前看书。

我想提醒你，别指望参与者会提前看书。在知乎上，我看到一个同学感慨说："周日的读书会即将来临，书却还没有翻开。依稀记得上次读书会才结束不久，新到的书还没有翻开，想到周日的读书会又要见朋友、分享，我不禁心虚了起来。"这表明，不要期待参与者提前阅读书籍。

②**不能选晦涩难懂的书。**

根据我自己的经验,不要期待别人在见面之前已将书读完,见面的时候就可以直接交流。这不太可能。所以在做读书会的时候,一般都会预留一些时间现场读书,所以在内容方面,你就不能选晦涩难懂的书。如果1个小时都读不完,那就糟糕了。

③**选择20—30分钟可以读完的片段。**

尽可能地在内容上选择20—30分钟就能够读完的片段。例如,拆书帮会从书中挑选一些片段,打印出来,就一二页纸,可能8分钟就能读完,读完之后就可以进行交流和讨论。

(4)如何进行阅读

有了内容之后,需要考虑如何进行阅读。刚才讲到读书会的三种形式:领读型、共创型和讲书型,你可以根据实际情况选择适合的读书会形式。如果你觉得自己的专业度还不够,可以选择共创型,邀请每个人拿一本书来讲。关键在于学会一些简单的阅读方法、分享方法和讨论方法。

(5)在哪里举行

在组织读书会时,大家还会为一个问题感到头疼,特别是线下的读书会,那就是找不到场地怎么办?

社区

培训室

咖啡馆

书店

家里

户外

办公室

教室

请问你觉得上面图片中这些场地，哪些适合举办读书会？

千万不要被自己的场地资源束缚住了，上面这些场地都可以。你可以充分利用现有的资源，选择合适的场地。不是一定要找间培训室，才能举办读书会。

①**星巴克。**

你看图3，洋葱阅读组的小伙伴在星巴克找了一个小圆桌，周围很吵，但不会干扰到他们，因为他们坐得很近，便于交流。

②**家里。**

图5是在家里。充分利用家里的电视、沙发和白板等，可以把电视机当作投影仪来用。

③**房地产售楼处、茶馆、体验馆、瑜伽馆。**

这些地方很希望有人去体验或者参观场地，所以通常很欢迎读书会在这里举行。

④**户外，如农家乐、帐篷营地。**

图6就是在户外，在农家乐里面找张桌子和几个小板凳就可以举办读书会。现在流行帐篷文化，所以可以在户外举办野餐式的读书会。

⑤**跟有场地的人进行合作。**

我非常鼓励你和有场地的人进行合作。你缺场地，而那些有场地的人，他们缺的是流量，所以可以互相帮助。

我期待各位能够分享自己在朋友圈中看到的一些打破思维定式的读书会场景。我相信如果你分享这些图片，能够帮助很多人获得启发。所以场地完全不是问题，关键在于充分利用现有资源，打破思维定式。

（6）需要准备什么

人确定下来了，内容准备好了，场地也找到了，接下来准备什么呢？准备读书会的物料，具体如下：

- 活动海报。
- 活动照片。
- 学习奖状。
- 课堂物料。

你可以做一张活动的海报，准备一些活动的照片。如果是线上的读书会，你可以设计一些学习奖状。如果是线下的，你还可以做一些课程的物料等，这些都会为你的读书会增光添彩。

活动海报

活动照片

学习奖状

课堂物料

虽然你一开始可能没有能力去准备这些物料，但可以先将重点放在招揽人和寻找场地上。物料可以根据自己的能力，一点一点地增加。比如拍照，当你的读书会办起来后，你会发现有一些摄影师也会来参加，他们带着相机过来，拍照的问题就自然解决了。

《小狗钱钱》这本书，我特别喜欢。它提到收入倍增的两大建议：一个是致力于帮助他人解决问题，这样才可能赚到钱；另一个是将精力始终放在自己了解、能够做到和拥有的事物上。

很多人想要创办读书会，但他们往往有一种完美主义心态，认为一定要达到一定规模和人数，才能开始举办读书会。实际上，绝大多数人的读书会不是这样的，一开始可能只有两三个人，围着咖啡馆的小圆桌或者户外的小板凳就能进行。

只要你一直在帮助别人、影响别人，同时充分利用现有的资源，慢慢你会发现，事情会变得越来越好。

有同学问要不要做PPT？可以做，也可以不做，所以PPT并不是最重要的。后面讲到领读型读书会时，会强调用PPT的方式可以更直观地展示内容，但共创型和讲书型读书会对PPT的要求就会低很多。你想想看，如果你做一个有PPT的读书会，那么你的现场得有投影仪。这对于很多刚开始做读书会的小伙伴来说，可能无法满足这个条件。因此，在创办读书会的初期，暂时先不对PPT做过高的要求。

3. 吸引

（1）如何吸引合作伙伴

多样化的角色分工：像我之前参加的拆书帮，参与者有很多的角色类型。这些角色类型其实是因为参加读书会的伙伴有不同的特长。

你可以主动向他们表达需求，寻求帮助。例如，有人可能会做海报，有的人可能会做活动策划，有的人会拍照，有的人负责内容输出，有的人负责联系，有的人负责财务等。这些角色分工来自袁茹锦老师的《化书成课》，她提到5种角色，但我觉得其实不限于这5种。根据实际情况，你缺什么，就去找什么，告诉参与者自己需要哪方面的人来帮助自己。

很多小伙伴可能一开始觉得自己单独做读书会缺乏信心，那咱们可以尝试联合起来，共同举办读书会。例如，在做读书会时，可以寻求以下几个方面的协助：招募擅长制作海报的小伙伴；寻找活动策划人员；邀请品牌顾问或合伙人。

但前提是什么？前提是你要开始做事，你才可能吸引别人帮助你。如果你的所有想法都停留在脑子里面，不去实践，那别人是没有办法帮你的。你一定要先做一两次，掌握整个步骤与流程，把成果展现出来，别人才可能相信并且帮助你。**开始做事，才能吸引别人帮你，这是放大影响力的第一步**。

（2）如何吸引更多的人参加

①让别人看到你持续在做。

前面讲到的那三类人，即自燃型、易燃型和绝燃型的参与者，如果你要吸引自燃型和易燃型的人参加，该怎么办？你需要让别人看到你在持续行动。

②如何让别人看到你在持续行动。

整理现场照片、合影、短视频、心得图文等，在小红书、朋友圈、公众号上分享，这些都能够帮助你被人看见。因为你要让别人知道你在干这件事情，让别人知道你在做某一个主题的读书会，从而吸引这个城市或者网上对这个话题感兴趣的人，聚集在你身边，共同参与。

我平时是怎么做的呢？采用三件套策略：**写文章、拍短视频、做直播**。每次做一个主题，我都会通过这三个途径进行推广。

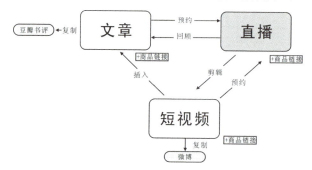

a. 一鱼多吃策略：写书评—邀请专家直播连麦—制作短视频—写文章。例如，我之前做职场规划主题的读书会，会写一些与职业规划相关的书评，邀请像赵昂老师等与职业规划相关的专家直播连麦。做完直播之后，把这些直播内容剪成短视频，写成文章进行传播。同一主题的内容可以在不同平台上多次展示，吸引更多人参加。

b. 要有想把读书会越做越大的心态。当你准备将读书会越做越大时，要有这种心态：我一旦确定了要做这个主题的读书会，那我就要去寻找身边、朋友圈或者学习群中与该领域相关的"牛油果"。

找到"牛油果"，与他们合作或者采访他们。在每次交谈的过程中，提及即将举办的线下或者线上读书会，并邀请他们参加。用这种方式扩大你的影响力，让更多的人知道你的读书会。随着越来越多的易燃型的人和自燃型的人看到你的视频和文章，他们就会慢慢地向你靠拢。

（3）如何吸引参与者反复参加

以上图片中两个读书会讲的内容和主题是一样的，请问你会选择哪一个？

你会发现没有人会选择把自己周六宝贵的时间浪费在一个很枯燥的活动上。我曾经问过很多"90后""00后"："你们周末的时候为什么不选择参加一些活动？"她们说："我难得休息，然后为了参加一个线下活动，我还要梳妆打扮。跑过去之后发现，既枯燥又不好玩，还不能提前走。"所以在做读书会的时候，如果你希望未来越做越大，让越来越多的人喜欢你，就一定要想办法增加读书会的乐趣。

a. 读书会＋游戏化。你能否为读书会做一些游戏化的设计？

案例1：桌游游戏

例如，北京洋葱读书会的老姜就把《如何读一本书》设计成一个桌游。此外，还可以尝试现金流游戏、人生设计、大富翁之类的与读书会主题相关的游戏。让参与者觉得：哎，我不单单是在读书，我还在玩。

案例2：用书籍封面做徽章

例如，台湾心理学读书会将书籍封面做成徽章。每次参加一个读书会或共读一本书，就会获得一个相应书籍封面的徽章。很多人就为了集齐徽章而参加读书会。

徽章制作成本很低。因为有了这些徽章，很多人会很愿意去参加读书会。这种趣味性吸引了更多参与者。

b. 读书会＋成果化。将读书会的内容成果化，让参与者在共创过程中获得成就感。

在读书会上，围绕某个主题进行讨论并共创出一些问题和解决办法，最后将这些问题和答案整理成手册。像这样的手册，成本也很低。如果你在淘宝上印制的话，100多页的手册，成本就几块钱。但是因为有了这样一个手册，参与者会觉得很有成就感，让你获得更多的收益，这是得到正向反馈的一种方式。

最后，我想提醒你，笑容是最好的成果。在朋友圈分享读书会中大家的笑脸，是对没有参加过的人最有吸引力的方式。

c. 读书会＋场景。你还可以将读书会和场景结合起来。

案例1：小六老师在虎门炮台读《鸦片战争》

因为我丈母娘家在虎门，所以我有一次就在虎门的炮台旧址读《鸦片战争》这本书。你看这个场景加这本书，是不是很应景？因为现在的人都喜欢出去玩，在玩的时候去读这本书，那种感觉比你坐在教室里面或者坐在书店里面去读会好很多。

案例2：赵冰老师在寺庙读禅宗书籍

赵冰老师带一群人在寺庙中读禅宗相关的书籍。你看这是不是一件很酷的事情？

借助场景向参与者讲一本书或者读一本书，可以让参与者更深入地理解书籍内容。

案例3：宝妈们在维多利亚港读女性成长书籍

我见过一些妈妈，她们为了增加读书会的乐趣，到维多利亚港举办高级的下午茶活动，在落地大玻璃窗前，俯瞰维多利亚港。一群这么可爱的妈妈，她们聚在一起读一些与女性成长相关的书籍，既满足了社交需求，又满足了学习需求。

如果你希望你的读书会被更多的人喜欢，参与者愿意反复地参加，那么你需要尝试加入更多体验性的因素。

樊登老师的《低成本创业》里有一个观点："十万人说不错，不如一百人尖叫。创业成功的第一要素，绝对不是营销套路和推广策略，而是优质的产品。让一个客户为你带来越来越多的客户，是每个创业者的梦想，但是，请记住，MGM（Member Get Member）的前提是产品。如果没有一个特别好的、被验证过的产品，任何推广营销手段都是对你的毁灭性打击。"因此，要想让自己的读书会形成品牌，你需要先将注意力放在读书会所能提供的价值上。

※ 总结 ※

以上是我希望帮助你解决的或者说搞清楚的三件事情：读书会的概念、收益和创办过程。

我希望在思维层面上帮助你，拓宽视野，发现原来读书会可以这样做。

我特别喜欢的一句话是我最近在朋友圈看到的："读书以及一切为读书所做的服务都是高贵的。"我希望通过本书，帮助你不仅掌握做读书会的方法，还能找到属于你的资源、能力和信任。

※ 答疑 ※

1. 宁哥：定位与运行两个阶段找人的标准，是否相冲突？

分析宁哥的问题，他是想问：定位阶段如果过于聚焦的话，那么圈定的人数就会减少，运行阶段就难以吸引更多的人，这相互矛盾吗？

小六老师：

(1) 不矛盾，定位也是筛选

因为做读书会一定是要聚焦于某个主题的，定位也是一种筛选。一开始，你一定要明确希望什么样的人一起来学习。这有助于后续的运行和发展。

(2) 主题明确，吸引同类型的人

例如，这是一个讲师的读书会、一个销售人员的读书会，还是一个宝妈的读书会？读书会的定位是针对特定人群或者特定话题的。你只有把这个定好了之后，才能吸引同类型的人参加。不然的话，什么人都来，后面就很难进行下去了。

(3) 避免读书会失败

很多读书会之所以最后会失败，也是因为一开始的时候没有设置门槛、区分人群、明确定位，以及不知道需要什么样的人。最后，什么人都来参加，你会发现，根本就招呼不过来，读书会难以顺利进行。就像一个成功的饭店，它一定是有一个明确的主题的。

2. MMM：看书很慢，能做读书会吗？

小六老师：读书慢的人，适合做共创型和讲书型读书会。

你如果读书很慢，你可以尝试做共创型和讲书型的读书会，领读型的读书会就不太合适。因为领读型的读书会，意味着你要将这本书吃得很透，甚至为了讲好这本书，你可能需要读懂与这本书相关的其他书籍，还可能需要做PPT，要求有点类似讲师。因为你做领读人，就需要你读懂这本书，要求会更高一些。

3. 萌萌：写文章是我的短板，可以做读书会吗？

小六老师：

(1) 写文章不是必要条件，看在什么阶段

写文章并不是做读书会的必要条件，前面讲了，在定位和运行阶段是不需要写文章的。当读书会逐渐壮大，你希望越来越多的人参加读书会的时候，你才可能需要去写一些文章进行宣传和推广。

一开始，可以把做读书会变成一种倒逼自己输出的方式。

(2) 为什么写不出东西

①没有体验，经历不够。

我经常告诉我的写作学员们，很多人之所以写不出东西，是因为没读什么书，没见什么人，也没做什么事儿。每天朝九晚五、做相同的事情，怎么可能写得出东西来？所以当你做读书会时，你会发现你在做新的事情，去一些新城市，你也会新认识很多人。

②参加读书会，积累写作素材。

为了能够参加读书会，你学习了很多新知识。这个时候，你的脑子里面就积累了一堆的素材，写作就变得容易了。如果你觉得自己写作不行，那你可以参加或者组织读书会，倒逼自己学习和成长。

4. 宋宋：读书会创始人是否需要读很多书？

小六老师：不需要。

(1) 确定主题后，同领域的书籍不会很多

我前面讲了，你一旦确定了某一个主题，那么你就做这个领域相关的读书会，这个领域的书籍其实不会特别多。

(2) 适合做读书会的书，可能就两三本

例如，我想做以讲师为主题的读书会，一定是我自己读过一些相关的书籍，或者我为了做这个主题的读书会，专门找一些书来读，这些书一定不会特别多。举办一个读书会，能够找到大约20本书，就已经很多了。从这20本书里面，再挑选一些适合做共读的书，可能就只有两三本。

(3) 专家特别擅长拆解图书

例如，我当时在拆书帮的时候，发现有的拆书专家特别擅长拆解某一类书籍，他慢慢成为这个领域的专家。所以不一定要读很多的书籍。

(4) 读书会创始人掌握流程，引导专家共创分享

我觉得阅读的数量并不重要。从头到尾，我都没有谈过阅读速度或数量。只需要把握"牛油果"其中一个要素——"油"，并学会一些流程。

如果你未来想成为一个讲师，可能需要"牛"。你需要阅读书籍、积累知识、提高专业度。但是如果你目前只是想创建读书会，或组织一群人一起读书的话，只需在"油"的层面上了解一些流程和步骤。

我经常为企业组织一些读书会，例如，创始人读书会和销售人员读书会。相比这一群销售专家，我肯定没有他们专业。我擅长的是什么？我擅长的是流程。我对这本书有所了解，但是我的专业度和经验可能无法与现场的专家相提并论。所以，这时候，我会引导他们共创、碰撞和分享。虽然我不熟悉这个领域，但我可以使用讲书型和共创型读书会的方法引导大家读书。熟悉流程是做读书会的核心能力。

5.Jessie：以女性成长、心理和育儿方向为主题会不会太广泛？怎样才能聚焦？

小六老师：我前面说过，读书会的主题可以有好几个，我觉得你可以先尝试一下。因为这三个主题，它可能招到的参与者有一些交集，但还是有区别的。

(1) 三个主题有交集，但是有区别，先挑其中一个主题进行尝试

女性成长的主题读书会，你可能会招到很多职场女性，但育儿主题的读书会参与者可能是一群全职妈妈。她们有交集，但还是有区别的，所以我建议你一开始可以挑一个主题进行尝试。

(2) 通过做读书会，测试你对某个话题的掌握程度以及参与者是否对此感兴趣

(3) 做读书会创始人，是允许更换主题的

在尝试一个主题后，如果发现招不到人或者自己不感兴趣，随时可以更换主题。

6.王军峰：如何才能克服分享图书时的担忧呢？

小六老师：分享图书有两种方式，一种是讲书型，一种是领读型。我将教授和分享技巧，让你了解如何组织一场1.5小时的读书会。

我还将教授如何引导参与者分享书籍，以及如何共创。总之，不必过于担忧分享图书时的表现。

7. 罗小健：举办读书会的最佳频次是多少？

小六老师：频次取决于个人时间安排。一般建议一周一次，尽可能安排在周六或周日，因为工作日比较忙。特别是一二线城市，一般都建议安排在周六，这是经验之谈。你可以作为参考，当然不同的地方不太一样。

8. 花生：不善言辞的人，如何开始做读书会？

小六老师：

(1) 选择讲书型和共创型读书会

不善言辞并不意味着你不能组织读书会，你可以尝试讲书型和共创型读书会。讲书型可以让每个人轮流分享，共创型就更简单，由主持人来引导参与者共同讨论，需要讲的东西就更少了。只有领读型需要主持人对书籍有较深入的理解和把握。

(2) 三种读书会都没把握，建议先从参加读书会开始

如果对三种类型的读书会都没有把握，或者没有自信，我建议你先参加读书会。通过参加读书会，可以锻炼表达能力和组织能力，逐渐积累经验。读书会提供了一个特别好的环境，参与者会耐心等待你发言，让你逐步增加自信。

9. 张坤：三种读书会形式，哪种更适合企业？

小六老师：对于企业来说，共创型读书会更为适合。企业可以指定一本书，围绕这本书设计讨论流程，让员工共同参与讨论。企业读书会的目的是结合公司的具体问题和业务需求进行深入讨论，共创型读书会能更好地满足这一目的。

10. 张坤：读书会结束后，哪些产出可以作为成果留存？

小六老师:

(1) 明确成果留存的目的

成果留存的目的是吸引更多人参加读书会,或者为了展示读书会的成果,因此,要根据目的选择合适的成果留存方式。

(2) 根据目的选择留存方式

如果你希望吸引朋友圈的人,图文形式比较合适;如果你希望在互联网上吸引更多人,可以使用短视频形式。

第二章
线下共创型读书会

一个人影响一群人,一群人改变一座城。通过你的坚持,相信很快会在你的城市看到由你组织的读书会!

本章内容是线下共创型读书会,它更适合在企业中举办。如果你刚好在企业工作,或者你有线下场地资源,你可以利用本章内容,设计一套适合企业的读书会解决方案。如果你想举办一个类似企业培训的读书会,那么不需要你讲很多的内容,但是可以进行激烈的讨论,然后创造实际价值。

线下共创型读书会怎么去做?它包括四个步骤:**T、R、S、C**。

T(教授方法):教授一些阅读的方法和步骤,如怎么找到脉络、重点等。如何概括出重要的知识点,将它们写成卡片,这些都称为阅读的方法。

R(片段阅读):让参与者共读。你要给现场的学员每个人分一部分章节或阅读材料,让他们在阅读过程中找出重点,将重点内容记录下来,这就是阅读的过程。

S(组内分享):设计组内讨论环节。例如,在组内,针对自己刚才读过的片段进行交流。交流形式有两种:一种是组内的交流;一种是同行的交流。

C(小组共创):读完一本书,最终一定要与自己当前的具体问题结合起来。这个步骤告诉你怎样将读到的内容和现实生活当中的问题相结合,找出具体的办法。

2个小时的读书会,大致流程如下:**T讲10分钟,R读20分钟,S分享30分钟,C共创30分钟。开场和结尾各15分钟,总时长约为120分钟**。

接下来,我会将这四个步骤逐一拆解,包括开场和结尾的准备动作。

过程线	开场	T讲解	R共读	S分享	C共创	结尾
时间线	15分钟	10分钟	20分钟	30分钟	30分钟	15分钟
活动线	1.介绍 2.破冰 3.地图	讲解 阅读&提取 方法	章节目录 核心概念	专家两次讨论	定制案例讨论	1.感受 2.感谢 3.感动

第一节 预备——选书

共创型读书会的第一步是选书。并不是所有类型的书籍都适合共创型读书会，职场、工具和致用类书籍特别适合，不适合的书籍主要是文学类和历史类，因为它们对引导者的要求较高。

适合共创型读书会的书籍有以下四个特征：

①**工具类和致用方法类；**
②**分为五到九个章节；**
③**整本书的页数约为 200 页；**
④**有独立的章节页。**

如何快速掌握章节结构？

要快速地掌握一本书的章节结构，可以看这本书的章节之间是否有明显的并列关系。如果各章节没有明显的先后顺序，你可以从任何一个章节开始阅读，这种类型称为并列关系或者爆米花式结构。这样的书籍特别适合共创型读书会，因为现场参与者可以在两个小时的时间里深入了解六个核心章节。通过讨论这六个章节，读者可以针对自己特别关心的问题去探讨解决办法,达到共创的目的。

《增长思维》一书按照八卦、认知、接触、使用、首单、复购、习惯、分享和激活等顺序阐述增长思维的关键环节。书中从认知到接触,再到使用,总结出从接触到成交的路径。可以将这些环节拆成一个个步骤,并把整本书的关键章节拆解出来。

每个人只需要看其中一个环节,然后聚在一起讨论,最后完成整本书的阅读。所以在两个小时的时间内,参与者不需要读完整本书,而只需要专注地读完自己选择的环节。在整个讨论过程中,参与者可以借鉴其他人的智慧。

要素很多、章节很少的书籍,怎么阅读?进行整合

案例:《我们内在的防御》

该书讲述了不成熟的防御体系有9个,成熟的防御体系有8个,甚至可能更多。整本书的结构是非常清晰的,但是书中要素众多、章节很少,如何进行阅读呢?

在这种情况下,你就不能直接拆章节、每个人发一个章节了,而是要整合相关内容,对各个章节的内容进行梳理。挑选关键的章节和段落,整理到一张纸或者两张纸上,确保涵盖书中的核心观点,制作成阅读材料,然后分发给参与者。

章节较多的书籍,采取抽取策略

案例:《原则》

《原则》一书分成两个部分:生活原则和工作原则。这本书里面

的原则有上百条，所以，你很难在短短的两个小时里将《原则》这本书读完。这个时候，就可以尝试抽取部分内容进行讨论。

将一些生活原则挑出来，然后在生活原则里，又有五个小原则。你会发现，可以针对这五个小原则进行小组讨论。抽取策略的作用在于为共创讨论划定范围，确保参与者能够在短时间内深入了解特定主题。鼓励参与者运用自己的智慧，共同解决问题。

第二节　开场

开场常见的三个动作

举办线下共创型读书会时，在开场阶段需要解决以下几个问题：**领读人介绍、参与者相互介绍、明确活动目标、时间安排和活动流程。**

很多人在你还没开始讲之前，就已经有很多的问题要问了，可以通过以下三个动作来吸引参与者的注意，解决他们在开场阶段可能产生的疑问。

为什么要读这本书（动机）
这本书大概什么结构（地图）
最终我们会得到什么收获（结果）

1. 介绍本书

首先，要介绍本书的背景和重要性。 你可能不是这个领域的专家，但这本书一定是你精心挑选的，所以需要在开场的时候介绍一下：为什么要共读这本书？这本书的结构是什么？最终可能会有一些什么样的收获？动机、地图和结果，这是要向参与者们解释的。

举个例子，在做《增长思维》读书会的时候，我并不是这个领域的专家，于是我换了一种介绍方式："我最近在学习这个领域的知识，投入了很多时间和精力。在有了一些心得之后，我想把这本书与对这个话题感兴趣的人分享，因此，我组织了这场读书会。"然后，把这本书的作者引出来，如这本书的作者是谁？他的专业背景是什么？

你要明确接下来两个小时的活动流程。开场后，有以下几个步骤：阅读分享、共读学习等。以下是一个时间地图，供大家参考。

2. 认识同学

第二个动作，认识同学。

如果是你自己举办的线下共创型读书会，你的目的不仅是学习，还有社交的需求。怎么办？

（1）选定章节

我将《增长思维》这本书分成了八个章节，包括认知、接触、使用、首单、复购、习惯、分享和激活等。参与者根据自己的兴趣选择一个章节。

这样做的好处是什么？明确自己负责的章节，使注意力更加集中；作为某个章节的专家，参与者会有更高的责任感和使命感，认真准备分享内容。

（2）确定身份

在自由选择章节之后，参与者就可以确定自己的身份了。快速地基于自己的章节想一个专业名词，从而赋予自己一个身份。例如，在《生活原则》这本书中，包含五个原则：现实、规划、头脑、协作和决策。如果你选择的章节是关于现实的，那么你就是现实专家；如果你选择的是规划章节，那么你就是规划专家。通过这种方式，参与者可以快速地给自己设定一个身份。当然，很多同学可能会担心自己还不够专业，但是这个标签只是让你暂时扮演这个角色，让你专注于这个章节。

（3）身份标签怎么做

我一般直接打印。例如，我会根据每组的颜色打印不同风格的标签。除了打印的方式之外，你也可以在淘宝上买姓名贴纸，自行书写。无论选择哪种方式，关键是要提前准备，根据自己的实际情况选择合适的方式。

3. 交流讨论原则

在自我介绍和互相认识之后，作为组织者，需要向参与者说明本次读书会的讨论规则，以便在有限的时间高效交流和学习。以下是一些可供参考的讨论原则。

第一，保持开放的心态。参加读书会时，要保持开放的心态，大家是来交流想法的，不是来辩论的。

第二，勇敢地表达。当有机会发言时，大胆地表达自己的看法，所有人都会耐心倾听。

第三，拥有玩乐的精神。以轻松愉快的心情参与讨论，增加互动的趣味性。

第四，互相鼓励。当别人分享完毕之后，给予积极的反馈和鼓励。

第五，注意时间。在讨论过程中，注意控制时间，确保每个环节顺利进行。

四大"法器"

1. 流程道具——铃铛（引导师用）

在活动过程中，我会用到一个小道具——铃铛。当我摇这个铃铛的时候，意味着参与者需要停止正在进行的动作，将注意力放回到我身上。

2. 桌面的按铃（学员用）

每个参与者的桌面上会有一个按铃。当参与者完成练习动作时，他们需要按响它，这样就知道哪些小组已经完成任务、哪些小组还没有完成。

3. 扑哧球或橡筋球 （学员用）

第三个道具，我把它称为"扑哧球"，你可以在淘宝上搜索"橡筋球"。在线下读书会中，有些擅长表达的人会滔滔不绝，有些不擅长表达的人因为羞于表达而无法参与讨论。使用橡筋球的好处是，只有持有球的人才有发言权。在激烈的讨论中，大家都遵守谁持有球、谁就发言的游戏规则。

4. 计时器 （学员用）

可以邀请组内的一位参与者担任时间官。提供计时器或让时间官使用手机计时。

计时器
（可以用手机代替）

以上便是我在线下共创型读书会中经常使用的四大"法器"。

第三节　讲解阅读方法

开场后，正式进入第一个环节——讲解具体的阅读方法。

为什么在教你做读书会的同时，还要教你做阅读教练呢？这是因为很多来参加读书会的人，他们可能没有接受过专业的训练和练习，所以你需要帮助他们快速提升阅读能力和表达水平。那么，我们应该教什么呢？

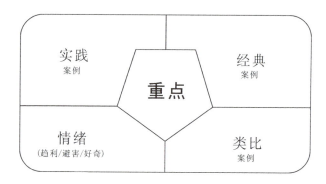

教大家阅读时，可以使用一个简单的笔记工具：钻石笔记卡片（如上图所示）。接下来，我将简单解释钻石笔记卡片中的"重点"和"情绪"。

重点

在钻石笔记卡片的中间，有一个钻石形状的区域。大家在阅读自己手上的章节时，最重要的任务就是从这个章节中找出重点。什么是重点？重点是这个章节中最关键的内容，通常回答了章节中最关键的问题（更直接地说，就是告诉我们如何做）。

例如，《驯服你脑中的野兽》这本书有6个章节，被分发给了我们一桌6个人。假如我分到的是第3章"创造仪式感——通过仪式感快速集中注意力"，那么在阅读这一章时，我最重要的任务就是找出本章的重点：如何创造仪式感，才能快速集中注意力？

情绪

在找到重点片段和内容后，我们要关注作者采用了哪些情绪吸引技巧来吸引我们的注意力。这些技巧包括**强调学习重点的好处、警示不学习所带来的损失、引发我们对重点的好奇心**。

例如，在《驯服你脑中的野兽》一书的第3章，作者为了让我们产生对仪式感的好奇心，就讲了俄罗斯宇航员在火箭发射过程中的一个小故事。

对于这部分内容，如果你上过洋葱阅读课，或者是好讲师读书会的学员，我相信对你来说应该难度不大。

第四节　共读

在讲解完阅读方法后，进入共读环节。一般来说，这个环节的阅读时间不会太长。以3个小时的线下共创型读书会为例，阅读时间应控制在20分钟以内。

有时会遇到这样的问题，参与者参加活动时，并没有读完这本书,甚至很多参加读书会的人会问组织者:"我想参加这个读书会,那我一定要把这本书看完吗?"你可以放心地说:"不需要,我们会在现场一起读完这本书。"

参与者未读完书籍时,可以采取以下措施。

制作概念卡片

由于前面已经教过阅读方法了,参与者可以用 15 分钟搞清楚关键词,找出重点内容,包括解决问题的方法等,然后把内容写在概念卡片上,以便后续讨论和整理。

活动:阅读手上的材料,每人一个章节
时间:15分钟
技巧:理解关键词,找出重点内容,
　　　写在概念卡片上

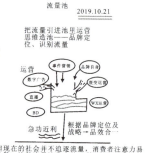

准备表单

在阅读过程中,可以准备一些表单以便记录和整理重点。例如"一三一"学习单,这个特别像拆书帮的 RIA 便签读书法。在读完一个章节后,找出你特别喜欢的一句话,提炼三个重点,并思考哪个重点可以运用到实际生活中。通过这种方法,可以快速找到重点并加深对内容的理解。

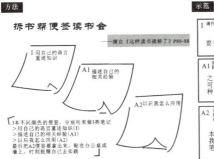

RIA 便签读书法，即读完一个章节之后，你能够输出一张便签。找到一个重点，结合自己的经验，并写明这个重点的应用以及接下来该如何行动。

以上几种具体的输出方式，大家在组织读书会的时候，可以根据自己的实际情况有选择性地使用，有助于促进参与者理解和掌握书籍内容。**如果拿到的章节不是特别复杂，可以选择 RIA 便签读书法；章节很少的话，可以使用前面讲的概念卡片。**

第五节　分享

分享环节包括同行分享和组内专家分享两部分。

同行分享

同行分享也称为同组分享,拿到相同阅读材料(章节)的人组成临时小组。想象一下,此时此刻在会议现场,有两个以上的小组在共读一本书。这个时候,你邀请所有拿到相同章节的人离开自己的小组,组成临时专家小组,相互分享阅读收获。

分享内容包括几点:本章节最重要的知识点有哪些?为什么觉得这些知识点很重要?作者举了哪些例子来解释这些知识点?

通过同行分享,参与者可以交流阅读心得,互相学习。胸牌在这个时候起到重要作用,因为胸牌能让参与者迅速识别彼此身份,如营销专家、成交专家等。

组内专家分享

在会场中互相分享完毕后,参与者回到各自的组,进行组内专家分享。

例如,我和你在同一个小组,这个小组共有五个人,我们每个人负责书中的一个章节(每个人只读了这本书的一部分)。小组每个人分享自己所负责章节的核心内容,相当于大家一起把整本书的核心章节分享了一遍。

以《增长思维》这本书为例,你就可以这样分享:"我是增长专家,关于增长的章节,我觉得需要让大家知道一些重点,它是……,应该怎么做……"

这里,我想请你思考一下**为什么先同行分享,再组内专家分享**。

其实是为了消除"新上任的专家"对内容的不自信。

在实践的过程中,如果先进行组内专家分享,这个时候有人会有疑问:万一我没读透怎么办?万一我找出来的重点,可能不是真正的重点怎么办?很多人会不自信。所以,怎么消除读完一个章节就马上要分享给别人的不自信呢?

同行交流是一个好方法。先让读过相同章节的人聚在一起,互相借鉴、学习,了解其他人的观点和收获,从而丰富自己的分享内容。再回到组内进行专家分享时,参与者可以更加自信地分享自己的见解和经验了。

这两个步骤的先后顺序不能乱。先进行同行分享,然后回到组内进行专家分享。

再思考一个问题:**如果人太多,章节不够分怎么办**?

例如,如果 10 人一组,但章节不到 10 个怎么办?这时候可以考虑在小组内进行 AB 搭伙,准备 5 个章节的材料,每个章节准备 2 份材料,让小组内成员两两搭配分享。

最后一个问题:**章节太多,人太少怎么办**?

根据书籍的重要性和学员的需求,挑选部分关键章节进行阅读和分享。

第六节 共创

共创型读书会在企业中具有很高的应用价值,因为它能够解决实际工作中的具体问题,提高员工的业务能力。

有一个公式可以利用:

真实问题＋章节知识＋自己的经验＝落地的方案

你需要引导参与者围绕一个真实的问题进行讨论，结合所学章节的知识，加上自己的经验，碰撞出具体的解决方案。

在这个公式里，真实的问题很重要，如何设计问题呢？怎样才能让大家聊到一块儿去呢？

领读人如何设计共创问题？

首先，这些问题需要满足三个条件。

1. 问题的三个条件

第一，想聊。问题能够引起大家共鸣，让大家很想讨论。

第二，能聊。要考虑参与者的专业知识积累，最好问题是参与者通过看完这本书后能够答得出来的。

第三，没有标准答案。问题要有开放性，没有具体标准，可以一起讨论。

举个例子，如果一起读的是《微习惯》，现场都是一些老师，你可以引导设置类似"如何将微习惯应用到日常教学当中"的问题。如果是一群上班族，你可以引导设置"如何在工作中将微习惯设定在日常计划中"的问题。

我在做《增长思维》这本书的共创型读书会时，因为当时我在"行动派"，来的都是"行动派"的各个项目组的小伙伴，所以我会邀请参与者围绕公司的一些核心项目进行讨论，如洋葱阅读、热情测试、项目管理、POV愿景心理学等。

（1）当遇到难以讨论的话题时，怎么办？

在《我们内在的防御》这本心理学图书的共创环节，因为涉及个人的 DDS（又黑又深的秘密 Deep Dark Secret），很多人不方便讨论，于是我设计了一个电影片段，让领读人引导大家从这个具体案例出发，探讨大家感兴趣或熟悉的话题。

（2）逆向思考

除了围绕业务问题展开，还有一个小技巧，你们可以用起来，即将讨论的问题换个角度，以具有挑战性和趣味性的方式呈现。

例如，销售团队读的是一本销售类型的书，你觉得下面哪个问题更容易引发讨论？

第一个：如何做好销售？

第二个：如何让顾客绝对不会买东西？

我相信很多人会选第二个问题。为什么？因为第二个问题换了一个角度，也就是逆向思考。逆向思考特别适合一些大家已经很熟悉的话题，还可以尝试思考以下两个有趣的问题：

- 怎样成为一个被学员讨厌的老师？
- 怎样成为一个五年都不会晋升的员工？

2. 在活动前，收集问题

我们也可以在活动前进行问题收集，然后在共创环节，我们就可以把提前收集的问题做成纸条卡片，分到每一个组，让大家自己选择讨论哪个话题。如果让所有的小组讨论一个相同的问题，就可以将问题卡片投影或者贴在会场的公共区域，让大家投票决定；如果让不同的组讨论不同的问题，可以采取抓阄、抽签的方式。

这里有一个小技巧，即在收集的过程中，还可以进行分类。

你可以拿一张大白纸，让大家将结构画出来，把问题写在中间，然后所有的组员提供建议。这样做的目的是让每个人都看得到以及共同参与。因为在共创讨论的过程中，有的人很积极地思考，有的人却无事可干，因此，将这个共创地图画出来的时候，你想想看：如果我负责的是饮食部分，结果我什么话都没说，那么这个部分就缺失了。

分享阶段

每个人都希望被看见，整个小组讨论结束之后，如果时间允许的话，你可以邀请每个小组去分享自己的地图。时间长短没关系，三分钟、五分钟或八分钟都可以，根据自己的时间来控制，重要的是全组人员都参加。

小组分享的时候，同样会遇到上面的问题：有的人非常积极，有的人无事可干。为了确保全组人员参加，可以按照以下方式分工。

- **一个人负责讲解；**
- **两个人负责展示相关材料；**
- **一个人负责控制时间；**
- **一个人负责录像。**

一定要所有人都参与进来，每个人都有事干，这样的话，才能够达到集体参与的效果。

第七节　结尾

经过前面的 T、R、S、C 四个环节，每个参与者都可以深度学习一个章节，也可以通过组内专家分享了解整本书的内容。更重要的是，大家现学现用，结合书中的知识和自己的经验，在现场尝试解决一个真实的问题。在读书会的结尾环节，我们如何做呢？

内容总结

带领参与者简要回顾一下这两个小时至三个小时的读书会内容，总结一下大家学到了哪些知识点和技能。

分享感受

接下来，邀请参与者分享他们的感受。策划人要少讲，把更多的时间留给参与者。可以采用圆桌讨论方式，让参与者围在一起，运用ORID焦点呈现法分享自己看到的事实、感受、想法和决定。

O（Objective）——**事实**：本次读书会有哪些点特别吸引你？

R（Reflective）——**感受**：你在读书会上注意到了什么感受或情绪，是开心、有信心，还是有一点压力？请描述自己的感受。

I（Interpretive）——**想法**：为什么会有这样的感受？你对相关内容的理解是什么？

D（Decisional）——**决定**：你接下来会采取哪些行动？

如果时间不够，你可以只说观察到的事实或者只说感受，用一个词总结自己的感受也行，但是要完整地运用ORID焦点呈现法。

在每一次读书会结束时，可以邀请参与者写下他们的感想，包括以下内容。

①**本次读书会我最喜欢的知识点是什么？**

②**我的感触是什么？**

③**我的行动是什么？**

让参与者将自己的感动卡片在组内分享，也可以设置一个交流环节，让参与者三人一组，分享他们的感动卡片。这样每个人都能从中获得启发，进一步巩固所学知识。

庆祝结束

最后，你可以举办一些庆祝活动。例如，你可以为参与者颁发证书、奖状。证书价格不贵，但能增加读书会的仪式感和参与者的成就感。

※ 总结 ※

在此，我想总结一下关于共创型读书会的四个步骤：教授方法、片段阅读、组内分享和小组共创。

教授方法　　片段阅读　　组内分享　　小组共创

※ 答疑 ※

1. 在分享环节，先发言的人将内容都讲完了怎么办？

第一个发言的人很厉害，他将内容都讲完了，后面发言的人就不知道讲什么，会不会出现这种情况？该怎么办呢？

小六老师：可能会发生，但挑选的内容是随机的，参与者刚好挑中自己特别擅长的部分的概率不会特别高。你还可以在分享的时候设定时间，将每个人的分享时间控制在两分钟以内。

前面不是有提到"法器"吗？就是那个按铃。每个人必须讲满两分钟，我的按铃没响，是不能换人发言的。这样也会让原来不怎么敢讲的人，有充足的分享和表达的空间。

2. 线上读书会适合这种模式吗？

线上的读书会是适合做两个小时的，还是适合做实践类的？现在看到很多人在做21天实践陪伴读书会。

小六老师：

(1) 共创型读书会不适合在线上进行

因为线上进行会对硬件条件有比较高的要求。例如，腾讯会议的软件支持多组分组功能，但必须成为商业会员才能使用，这对很多人来说，就有了5000元的门槛了。

(2) 线下共创型读书会的体验感会更好

共创型读书会的线下体验感会远远超过线上，领读型和讲书型读书会的线上效果会更好。

3. 没有做过读书会，在流程上能做哪些简化，以便快速启动？

小六老师：四个步骤已经简化到最少了，如果你还需要简化，就将开场和结尾的部分省略，但核心的部分，包括内容阅读、分享、讲解和小组共创建议保留。因为共创是最核心的内容，你可以简化开场。你不用准备那么多道具，可以精简一点，结尾的总结也可以简单一点，这没有关系，但是中间的关键步骤我不建议删减。

4. 人少的读书会，比如说十个人以内的，共创型读书会是不是就不太适合？

小六老师：只要可以分成两个小组就可以。例如，有八个人，就分成两个四个人的小组；有六个人，就分成两个三个人的小组。

我建议至少六个人以上，分成两个小组进行。人数太少，不便于讨论。三个人一组，一本书至少能够挑选出三个核心章节进行讨论。

像《增长思维》，它有八个核心章节。这个时候，如果只有三个人或者四个人，你该怎么办？你就可以挑选这八个章节里面最重要的三个或四个章节进行讨论。

做读书会的时候，你要帮助参与者做筛选，因为他们没有时间将一本书读完。读书会的目的是能够让参与者在短短的两个小时内学到一本书的精华内容，并借助书中内容解决一些具体的问题。这也是企业举办读书会想要达到的目的。

5. 小维：共创型读书会是否适用于儿童？

小六老师：虽然我在儿童领域没有很多经验，但我建议你可以尝试将共创型读书会应用于儿童。作为领读者，可以设计一些问题，让孩子们一起思考和解决，要相信孩子们有能力通过讨论和合作解决具体问题。如果书籍内容能够帮助孩子解决一些具体问题，那么完全可以尝试共创型读书会。

例如，我在做全国巡讲的时候，有的十几岁的孩子，已经可以读像《枪炮、病菌与钢铁》这类的书了。当然年龄不能太小，太小的孩子无法参与讨论。

6.用户对一些概念的定义产生分歧，该如何处理？

我在2014年参加过读书会，当时遇到了一个状况，读书会的参与者中既有理工科背景的人参加，也有文科背景的人参加，然后理工科出身的参与者就一定要对定义有非常清晰的界定。我不知道该如何表述这个问题，就有一些人认为必须基于一定的共识之后才能进行讨论。当时的讨论话题是我认为的红薯和你认为的红薯可能不是一个东西，他们就对红薯的定义产生了分歧，卡住后就不知道怎么解决了。

小六老师：

(1) 提前解释清楚定义

在讨论开始之前，引导者应解释清楚相关概念，以减少分歧。

(2) 交流想法，保持开放心态

参加读书会的成员应保持开放心态，尊重他人的观点。当遇到分歧时，保留意见，不要试图说服对方。

(3) 主持人控场，表达想法

在讨论过程中，主持人可以适时干预，引导成员将注意力集中在问题上，而不是争论分歧。建议将有争议的问题留到读书会结束后再去讨论。

(4) 时间分配

在读书会中，每个人有一定的发言时间。一个人发言结束后，下一个成员继续发言，避免陷入争执。

(5) 营造和谐氛围

强调读书会的目的是交流想法，而非辩论。

7. 魏勇老师：如果想精读《高效能人士的七个习惯》，共创型阅读如何分段？

小六老师：对于《高效能人士的七个习惯》这样的图书，共创型阅读可以将章节分配给参与者，然后进行讨论。我建议可以摘抄章节里一些重要的片段。

8. 如果时间只有2个小时怎么办？

整个读书会时间的长短可以根据实际情况进行调整。这完全取决于甲方或者你自己，但它的步骤是不变的。方法讲解、内容阅读、分享交流、小组共创这四个核心步骤不会改变。

如果读书会有三个小时，你可以把交流时间延长一点。如果只有两个小时，可以减少分享的时间，但整个结构不要改变。

第三章
社群领读型读书会

前面的内容讲的是线下共创型读书会，很多人会有疑问：如果没有线下资源，或所在城市的人脉有限，也不方便在企业内部讲，该怎么办呢？本章将讨论如何组织线上读书会。这种类型的读书会和线下共创型读书会的区别在于：线下共创型读书会，你可以不是某个领域的专家，你只需要熟悉读书会的流程就可以组织；但线上领读型读书会，就需要你对某本书有很深刻的理解，因为你要一个人讲解。提到一个人在那讲，你想到了谁？你可能会想到樊登老师或罗振宇老师。这两位算是领读界的代表人物。但我不是要帮你成为下一个樊登老师或罗振宇老师，我希望稍微降一点难度，达到你够得着的程度。

我将拆解樊登老师和罗振宇老师的领读方式，并重新组装这些基础能力。虽然我们无法达到他们的高度，但你可以学会挑选书中的3—5个章节，并将其转化为一次读书会，这就是我希望带你学会的点到为止的领读方式。

我会用四个步骤来概括本章的主要内容，这四个步骤叫作KEEP。

- K（Key point）：**找到关键点、重点**。
- E（Emotion）：**匹配相应的情绪，吸引注意力**。
- E（Explain）：**围绕重点进行解释**。
- P（PowerPoint）：**制作展示课件**。

当你学会这四个步骤后,你就可以很轻松地组织一个线上的3—5天的读书会,你还可以将读书会转化为文章、直播或系列短视频。通过这种方式,你能够实现一周阅读一本书的目标,并构建自己的阅读变现体系。

第一节 寻找重点

一本好书就像一个景区,而读书会发起人就是这本书的导游。导游的核心能力是寻找重点。

我们在领读一本书的时候,并不是逐字逐句地阅读每一章,而是需要找到参加读书会的人比较在意的部分。具体来说,可以拆解成以下几个问题。

① **读哪本书?**
② **读哪些章节?**
③ **读章节中的哪些知识点?**

读哪本书?

为什么要考虑这个问题呢?因为领读结束后,参与者可能需要拿着这本书去阅读。所以,你要确保自己能够流畅、成功地领读,同时让参与者在听完你的领读后,能顺利地阅读这本书。

当你不知道如何在众多同一主题的图书中挑选适合领读的书时,可以根据以下四个标准进行判断。

西游记选书法

权威　　清晰　　有趣　　实用

①**唐僧代表权威性**。这本书是否由专家撰写？是否得到认可？

②**孙悟空代表清晰度**。这本书的结构、目录、脉络是否足够清晰？

③**猪八戒代表趣味性**。这本书的内容是否有趣，文字是否轻松易懂？

④**沙和尚代表实用性**。这本书是否提供了具体、实用的方法？

根据这四个标准，你可以从一堆相同主题的书中挑选出最适合领读的那一本。

案例1：《原则》

以《原则》为例，我曾在企业领读时选择了这本书。给这本书打分时，我发现它的权威性非常高，因为作者是桥水管理基金的创始人瑞·达利欧。

这本书的结构清晰吗？答案是肯定的。因为它分成了工作原则和生活原则两部分，生活原则里面又分成了五个原则，工作原则里面又分成了十几个原则，所以整个结构非常清晰。

那么，这本书有趣和实用吗？我在阅读这本书后发现，这本书的阅读体验并不是那么好。因为书里讲的内容要么比较抽象，要么不怎么实用。

所以，我个人认为，这本书的权威性和清晰度是足够的，但趣味性和实用性不足。

案例 2：《职场进阶的 60 个原则》

我的朋友朱老师写了《职场进阶的 60 个原则》，用上述四个标准来评价这本书，会发现它的权威性可能没那么高，因为作者是中国电网的高级工程师、副总，权威性相比其他作者并不突出。清晰度还可以，六十个原则分成三个部分来介绍，每个部分包含五六个原则，这样的结构也还行。在趣味性和实用性方面的得分要比《原则》高。书里列举了职场中非常具体的一些场景，如升职加薪、向老板汇报工作、与同事发生冲突等，并且能给出一些实用的解决方案。

所以，你会发现这本书，虽然它的权威性和清晰度不够，得分不高，但是它的实用性和趣味性，特别是实用性这一块，它的分数是超过了前面那本书的。

如果我要为之前没有接触过这类书的人提供培训，那我应该选择哪一本书更好呢？是《原则》，还是《职场进阶的 60 个原则》呢？在做选择时，你尽量选一本大家容易接受、领读者也容易讲解并且自己能够读得懂的书。

读哪些章节？

当你确定选某本书的时候，到底应该读哪个章节呢？选择哪个章节取决于你的阅读目标和需求。在选择章节时，有如下几种模式可以参考。

1. 流水线模式

按照第一章、第二章、第三章的章节顺序依次展开。这种模式就像飞机降落，从空中慢慢降至地面，逐步完成整个过程。

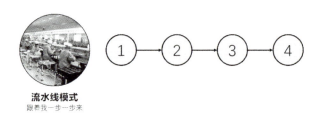

例如,邹小强老师的《只管去做》一书,教你如何行动和实现目标。它的结构就是流水线模式:第一章教你设计自己的愿景,第二章教你将人生的各个模块SMART化,第三章和第四章教你如何将项目和习惯落地,最后教你如何规划每一天的工作。

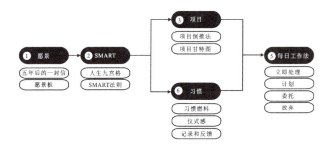

2. 驾校模式

第二种可以称为"驾校模式",参加过驾校培训的小伙伴应该都知道这个过程分为几个阶段。

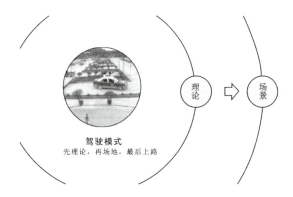

第一阶段：理论学习。学员需要上机考试，了解交通法规、驾驶技巧等相关知识。

第二阶段：实践操作。在理论学习之后，学员要练习各种驾驶技能，如侧方停车、S弯、倒车入库等。

第三阶段：真实场景考试。学员要在道路上测试自己的驾驶水平。

以《故事力》一书为例，该书在开始部分讲述了故事的好处、原理和基本逻辑。

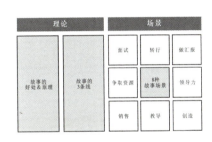

后面的绝大部分篇幅重点介绍了如何在各种场景中运用故事，如面试、转行、做汇报、创业、教导、销售、争取资源等。这种结构就是非常典型的"驾校模式"。

3. 爆米花模式

第三种模式，我们称为爆米花模式。这种模式的书籍就像爆米花，每个小颗粒都独立存在。你可以在阅读时，随意挑选一个主题进行学习，不用担心遗漏其他内容。

爆米花模式
一二三四五，个个都靠谱

这类书籍你应该见过很多，以剽悍一只猫的《一年顶十年》和崔璀老师的《职场晋升101》为例，这两本书都采用了爆米花模式。它们分别涵盖了个人品牌塑造的二十几个要素以及职场晋升的101个技巧。

这种书籍结构使得读者可以根据自己的需求和兴趣挑选主题，进行学习，具有很高的实用价值。

那如何快速分辨一本书到底是哪种模式呢？你可以通过仔细查看图书的目录，观察章节之间的逻辑关系或者阅读作者的序言（作者可能会介绍如何阅读这本书）。如可以跳读，一定要先了解核心理论。每一本书的作者，特别是负责的作者，都会在序言中清楚地告诉读者如何阅读。了解书籍的常见结构后，你就可以根据书本内容和自己的时间安排来制定阅读计划。

社群领读型读书会，如何筛选章节？

如果读书会持续一个星期，而选择的书刚好有7个章节，我就每天讲1个章节；但如果只持续3天或者4天，就要对内容进行筛选，重点讲解书籍的核心内容。

参加读书会的人，往往不清楚自己该不该花时间读这本书，也不清楚自己能否读完，或者不知道怎么开始。

这个时候，你要清楚地告诉他，你为什么会选择这几个章节，这样会让他们理解你的意图，从而更自信地面对挑战。

读哪些重点

讲完了挑选书和章节，最后要挑选章节中的重点内容。重点并不是作者标记、加粗的内容，而是你认为重要的内容。

你在阅读章节时，要根据自己的需求和兴趣，有针对性地寻找对自己有价值的信息，即知识。知识能帮助你改变行为、心态和思维。

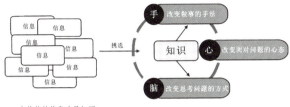

有价值的信息才是知识

如何改变呢？

①**改变手**：改变你完成任务的方法，包括步骤、流程和技巧。

②**改变心**：调整心态，以更积极的态度面对问题。将问题分成若干部分或者步骤，从而更清晰地了解问题的本质。

③**改变脑**：学习新的思考方式，通过各种步骤和技巧来提升你的思维，提高解决问题的能力。

这个章节的内容有没有提出新概念或者新观点？有没有提出你之前不知道的新理论或新原则？有没有解决你关心的问题，并提供解决步骤或者方法？简单来说，就是要了解"是什么""为什么"和"怎么做"。

有的人会说，你刚才讲的都是一些干货类的书籍。如果是经典类书籍，如《论语》，应该如何去找重点？看上去没有什么重点或者都是重点的书，该怎么处理？

如果是这些类型的书籍，寻找重点的方法依然适用。关键在于找到能改变你思维、行动和心态的段落。你可以先找一个自己感兴趣的视角，例如，在《论语》中，有那么多的观点，你可以关注孔子的教育理念、处世智慧等。我作为讲师和阅读学习力的培训师，在看《论语》的时候，会特别关注孔子的教育理念，以便在教学过程中优化我的教育方法。我会把影响我脑、手、心的内容进行标记或摘录下来，这是属于我的重点。所以你在读古典文学类书籍时，可以采用这种方式找到重点并吸收有益知识。

在找重点的阶段，你的目标是为参与者提炼出最有价值的信息，而非机械地复制全书内容。你要尝试做一个"榨汁机"，为参与者提供某本书里面最有价值的信息，带领他们学习和成长。

第二节　情绪标签

你一旦选择了一些章节，比如你挑了一本书中3个重要的章节，准备接下来作为领读人讲3天。让你头疼的是，你觉得这本书的这3个章节是重点，但是讲给参与者听的时候，他们会觉得很枯燥。

如何才能将书中的重点变成大家愿意听且听得懂的内容呢？接下来，就是领读型读书会的第二个技巧——给重点匹配情绪。

为什么情绪很重要呢？因为情绪会带有趋利、避害、好奇的目的，会激发参与者的情感共鸣，增加和提高他们的学习兴趣和参与度。

你把挑出来的知识点做一下包装，就会让参与者产生"我想看一看到底是怎么回事"的心态。这样，领读过程将更加生动有趣，参与者也能更好地吸收知识。

要让听你分享的人的大脑和自己的大脑都对分享的内容产生兴趣，可以运用三种情绪：**避害、趋利和好奇**。因此，在整理信息片段时，要为这些片段赋予这三种情绪中的某一种。

避害

什么叫避害？

举个例子，很多人在分享经验时，可能会遇到嗓子疼痛的问题。我本人曾是一个程序员，但是我转型为自由讲师已有近7年的时间了。在这7年的时间里，最让我头疼的并不是每天讲几节课后的疲惫，而是咽喉炎。最严重的时候，因为连续讲课，我差点想要转行，直到我发现了一种发音练习方法，才解决了这个问题。

你对这个方法感兴趣吗？如果你也是一名讲师，一定会想知道答案吧？这就是激发避害情绪。

趋利

我在做梦想早读会时，有一次要领读《深度工作》这本书，我当时想过以下两个主题，请问你更喜欢哪一个？

第一个：深度工作的四个原则。

第二个：告别穷忙，高效产出，这四个选项总有一个适合你。

你可能会选择第二个。因为第二个让你觉得更有收获，好像与你的生活息息相关，你可能会想如果听完这本书的讲解，应该会有一些启发。趋利情绪意味着大家都希望变得更好、更快、更高效。

案例：《论语》

刚才讲到了《论语》，我接下来就用《论语》中的句子来举例。比如，《论语》中有一句名言："温故而知新，可以为师矣。"如何利用趋利情绪来设计这段内容呢？我们可以将主题定为"如何拥有自学的能力"？

先把好处说出来，然后再引出这个主题，阐述其中的道理。这个称为情绪化设计，让知识点变得更有情绪。

好奇

以下两个标题，哪个更能引发你的好奇心？

第一个标题：视其所以，观其所由，察其所安，人焉廋哉？（这是一个直接抛重点的标题）

第二个标题：如何选择适合自己的朋友？

第二个标题更容易引发好奇心，你会想知道什么样的人适合做朋友。当你结合孔子的观点时，就会变得更有吸引力了。

通过运用这三种情绪——趋利、避害、好奇，即使是一些你觉得自己用不上的书籍，你也可以读出新意。例如，《毛泽东选集》，你就可以带着好奇去阅读。

- 《星星之火，可以燎原》，可以理解为如何面对困境。
- 阅读《精兵简政》可以学习降本增效的团队管理方法。
- 面对困难时，参考《论持久战和战略问题》。
- 了解客户画像，可以读《中国社会各阶级的分析》。

关键是你要站在用户的角度去思考，这个重点对他们真的有用吗？他们真的感兴趣吗？

在阅读某个片段时，我会自问：作者写这一段的目的是什么？作者写了这么多，他到底想让我产生哪种情绪？我读完之后，有没有情绪？很糟糕的一种情况是：当你读完之后，发现自己没有产生任何情绪，你不知道作者在说什么。或者你看完之后，不知道它对你到底有什么用。

如果一个重点不能激发听众的趋利、避害或好奇情绪，那么它可能是一个假重点。

第三节　解释重点

第三个步骤，你要尝试去解释一些重点，这也是很多人在做读书会时很耗费时间的地方。

你可能会想：为什么我要这么辛苦地去选书、选章节、挑重点呢？我的回答是：想象你是一名导游，要带领别人去游览，你是否需要提前去了解一下路线、景点及相关背景知识？答案是不言而喻的。作为领读人，你需要比别人更深入了解一本书，特别是你希望分享的章节。

为什么别人不直接自己阅读，而是愿意花时间听你讲解呢？这其中一定存在某一种差距。这种差距让别人愿意付费，花时间坐在你面前听你讲解。

这种差距是什么呢？**信息差、认知差和行动差。**

信息差

所谓的信息差，就是你比别人多知道一些东西。

```
                              行动差
                              ────────
                                 我做到你没做到的
                   认知差
                   ────────
                      我理解你不理解的
        信息差
        ────────
           我知道你不知道的
```

认知差

认知差是指我们都听说过一个东西,但是你理解了,我没理解。例如,咱们都曾听过 ChatGPT,但是我可能理解了它背后的原理以及未来的发展趋势和应用逻辑,你可能没有理解,所以你很想听听我的解说。

行动差

最后是行动差,我天天用它,已经用它来写作、做读书会、写文章、拍短视频,但是你还没做到。这个时候,我们之间就有一个行动差,或者叫经验差。

作为领读人或者读书会创始人,如果你希望人们能够安安静静地听你讲解,那就意味着你一定要想一想你跟他们之间的差距,这个差距可以是信息差、认知差或行动差。

这三个差距，如果打一个比方的话，就有点类似于导游与游客、厨师与食客、教练与运动员之间的差距。

1. 导游——信息差

导游在游览景点方面积累了丰富的经验，知道一些你不知道的信息。

2. 厨师——认知差

厨师具备购买食材的能力，也有油、盐、酱、醋、茶等基本调料，他们在食材搭配和烹饪技巧方面有更深入的理解，可以将普通的食材转化为美味佳肴。

3. 教练——行动差

教练之所以存在，是因为他们做到了学员没有做到的事情。你站在读书会参与者面前的时候，可以问问自己，作为领读人，是想成为导游、厨师，还是教练？

明白了别人为什么愿意听你解读一本书，接下来，我会教你如何运用各种案例，让你在信息差和认知差上和你的听众产生更大差距。

我的好朋友杨小钟老师是一位职业培训师，他说为了让学员理解他所讲的内容，他经常使用三种案例：类比案例、经典案例和实践案例。

1. 类比案例

什么是类比案例呢？类比案例就是用一个易于理解的比喻来解释一个复杂的概念。比如，之前提到的信息差、认知差和行动差，可以用类比的方式来解释：信息差就像导游，认知差就像厨师，行动差有点像教练。

2. 经典案例

经典案例是指那些具有代表性、引人深思且易于记忆的人物或故事。通过使用经典案例来解释和阐述关键观点。

例如，在谈论《深度工作》一书中关于四种深度工作哲学时，我们可以运用经典案例来解释。

所谓禁欲哲学，就是闭关修炼以提高工作效率；双峰哲学，将个人的时间分成两块，一块专注于深度工作，另一块处理其他事务；节奏哲学，即在固定时间持续地深度工作；新闻记者哲学，随时随地利用碎片化时间进行深度工作。

如何理解呢？作者就需要告知有哪些名人是运用这四种深度工作哲学的。例如，谈到禁欲哲学，可以引用尼尔斯·蒂芬森的事例；双峰哲学，可以提卡尔·荣格。

3. 实践案例

实践案例是指作者在自己的实践中是如何应用书中理念或方法的，或领读人在引导他人阅读过程中所积累的经验。

为什么要分享自己的实践经验呢？因为你在分享或者带领他人读一本书的时候，你的个人经验往往能使讲解更加生动、具有感染力。巴菲特曾经说过："懂得和知识之间的区别在于：懂得是知识和经验的结合，而经验是你自己的。"因此，你能够在做分享的时候讲述自己的实践经验，那么一定具有很强的说服力。

例如，当你讲解如何在家锻炼出好身材时，最好的案例是什么？最好的案例是你自己。你可以讲述自己从一个"死肥宅"蜕变为拥有六块腹肌的健身达人。这样的实践案例会让听众更加信服。

前面讲的三种案例类型，方便学员更好地理解知识点。正如得到App的创始人罗振宇所言："真正的学习，有点像缝扣子。"把你要传递或者讲解的新知识，与已有的旧知识相结合，像缝扣子一样搭建起知识的桥梁。

如果你希望与学员之间产生差距，无论是信息差、认知差还是行动差，你都可以尝试运用这三种案例类型来进行讲解，为学员搭建更高的认知台阶。

以《论语》中的重点语句"温故而知新，可以为师矣"为例，我们可以这样进行讲解：

①**情绪包装**：首先要明确这句话对你的重要性。比如，你认为它有助于提升自学能力，因此，在情感上，你可以将这句话包装成有一种促使自己不断学习的动力。

②**理解与解释**：接下来，要对这句话进行深入理解。可以将"温故而知新"拆解成三个阶段：故、新、师。

温故而知新，可以为师矣

故	新	师
旧事-旧知	新体会	教别人

- 故：巩固已有的知识和经验。
- 新：增加新的体会和认识。
- 师：尝试去教别人。

我将"故"继续做拆解，"温故"可以采取以下方法：收集整理所学内容，进行关联理解，尝试应用知识点。

以下是我举的一些例子。

我之前上线下课的时候，会有一个习惯，就是收集资料和物品，如课程主办方发的手册、小纸片，甚至桌牌、姓名贴纸等。这些我认为都是线下课可以利用的素材。请问我的这个例子，它属于类比案例、经典案例，还是实践案例？答案是实践案例。因为要先收集整理所学内容。

我还有一种方式，就是便签法，类似于拆书帮的RIA便签法。它属于类比案例。

学习《论语》，九宫格分析方法非常适合。通过多角度去解读和理解一句话，我们可以更好地领会其中的内涵和意义。以下是对九宫格分析方法的解释：

- 这句话是对谁说的？
- 在什么场景说的？
- 用现代文翻译后是什么意思？
- 正例是什么？
- 反例是什么？
- 听完之后，你有什么样的感受？
- 你怎么行动？
- 这个行动怎么衡量？

通过这种九宫格分析方法，我们可以更加全面地理解《论语》中的每一句话，并将其应用到实际生活中。

那么，案例去哪里找呢？

1. 书上找

当你阅读的时候，你会发现在书里能找到作者的实践案例、经典案例或类比案例。一个优秀的作者往往会为书中的重点配很多的案例，便于读者更好地理解。

2. 搜集素材的五个渠道

除了在书上直接找案例外，上过好讲师课程的学员就会知道，有五个搜集素材的渠道，即书、事、人、生、课。

- 书：在阅读一本书时，可以寻找其他相关图书，至少要看 3 本书。
- 事：要尝试额外做一些事情，比如收集资料、参加活动。
- 人：寻找与所学主题相关的人物，如专家、学者。
- 生：在生活中，关注与所学知识相关的事物和场景，并拍照记录下来。
- 课：参加与所学主题相关的课程，如大师课、新手课或精品课。

你经常看到我列举实践案例。为什么我能举这些案例？有的案例可能是 5 年前或是 10 年前的了，为什么我还能列举出来？因为我经常关注生活，勤于搜集素材。

我经常看朋友圈，我看朋友圈的目的很简单，即留意这段时间朋友圈里面有哪些人在做一些与我的课程相关的事。例如，咱们最近在做读书会创始人的项目，我就会关注朋友圈里有多少人也在做读书会。他们做读书会的方式是什么？我这就是在搜集素材。

当我运用书、事、人、生、课这五个搜集素材的渠道后，我会得到很多经典案例、实践案例和类比案例，让我能够比别人更能讲透某个话题。日本电影导演黑泽明曾说："你要有东西，你才能去创造。"所以你要比你的学员更深入地理解一本书，才能让他们听你一个章节、一个章节地讲下去。

第四节　PPT课件

前面讲完了找重点、做情绪包装，也解释了寻找重点，最后一个动作是做PPT课件。

为什么要做PPT课件？

如果你要做领读型读书会，你就需要将内容展示出来，不能只干巴巴地讲。有人问我，他想要与别人共读一本书，是否需要做PPT？

我以为大家的答案是肯定的，但是没想到很多人觉得做PPT没有那么重要。实际上，制作PPT课件对领读型读书会具有很大的帮助，可以让参与者的学习体验更好，使读书会更加生动有趣。

如何做 PPT 课件？

为了有效制作 PPT，可以采用以下方法。

1. 挑重点

你在做 PPT 的时候，对书上的内容进行概括和提炼，将重点句挑选出来，并结合自己的理解进行解释。

2. 用图标

使用图标是优化 PPT 课件视觉效果的有效方法。

读书会 PPT 的页面类型

这不是一本关于 PPT 的书，但是你需要去了解一些简单的 PPT 结构。

读书会 PPT 的结构可以分为以下几个部分。

• **介绍页**：先向参与者介绍某本书的基本信息，包括书名、作者、主题等。

• **重点页**：从各个章节挑选出重点内容，进行详细讲解。

• **案例页**：在讲解重点内容时，运用实践案例、类比案例或经典案例来辅助解释。

• **总结页**：对所学知识进行总结，回顾重点和案例。

你可能会问："我不擅长用 PPT 怎么办？""如果我需要在一个小型剧场或者小型空间里面讲完一本书，现场没有投影，该怎么办？"我教你几种常见的解决方法。

1. 使用白板

友林优客的夏鹏老师，也是新东方出来的一位老师，他在讲课的时候，就直接板书。你用白纸或白板，边讲边写，有点像老师的板书，这其实是一种非常简单而且实用的方式。

2. 使用平板电脑

如果有 iPad 或其他平板电脑，就可以尝试这种高级一点的方式。例如，平板电脑左边是你的形象照，右边展示你在书上做标注的过程。这样做的好处是学员不仅能看到你的形象，也能够看到你在书上所做的标记。

3. 使用 KT 板和便签

在会议室或者其他线下场地准备白纸或便签，提前将关键词写在便签上，然后一张一张地贴在 KT 板上。

这是我的老师 Dolly（多莉）用的方法。她是一位国内做引导技术非常知名的老师，我在她的直播间里看到她没有用 PPT，而是用白板＋便签的方式，我觉得特别好玩，所以全神贯注地关注讲课内容。

所以，重点不是使用 PPT、白板或平板电脑，而是你希望听众关注什么。

※ 总结 ※

做领读型读书会,要掌握四个核心步骤:K(找重点)、E(挂情绪)、E(举例子)、P(做PPT)。然后,你可以根据自己的需求,灵活运用讲解方式。

不论你选择了几本书,都可以按自己的节奏进行一个月、半年或一年的分享。如何才能讲好呢?你需要做好充分的准备,包括挑重点章节、提炼核心观点。除此之外,还要勇敢地"下水"。这是讲师、读书会创始人和阅读者都要明白的道理。想要学游泳,就别隔着玻璃看。

如果你仅仅记住我讲的一些知识点,其实没什么用。我希望你能够跳到池子里面去,尽管可能会呛水,但这是成长的必经阶段。让我们勇敢地面对挑战,迎接更精彩的人生。

第四章
讲书型读书会

什么是讲书型读书会呢？我们先来看看讲书型读书会与之前提到的领读型读书会的区别。领读型读书会更多地由领读人或者领读员来主导整个读书会的过程。领读型读书会的效果好不好，很大程度上取决于领读人的发挥。在讲书型读书会上，每个人都可以分享自己感兴趣的书籍。组织者确定一个主题，参与者围绕它，用自己带来的书做分享，每人的时长为8—10分钟。

例如，今天你参加的讲书型读书会的主题是"520"，这是一个关于爱情或亲密关系的话题，每个人可以选择一本自己感兴趣的书来分享，每个人可以分享8—10分钟。如果有8个人参加，那么整个活动需要一个多小时或两个小时。**这种读书会既包含了阅读元素，又加入了演讲成分，因此称为讲书型读书会。**

这种类型的读书会的重心就不在组织者一人身上了，而是落到了每位参与者身上。作为组织者，你可能会遇到一个迫切需要解决的问题：如何让每个人都言之有物？

我相信许多参加过讲书型读书会的人都会遇到这样的问题，参与者水平良莠不齐，一些人可能之前做过讲师或有丰富的演讲经验，他们会分享得比较好；一些人可能没有准备或不知道如何分享，他们会跑题或没有清晰的结构，其他人可能听了半天，但还是不知道分享者在说什么；还有的人滔滔不绝，一个人不自觉地霸占了大部分时间……本章将分析如何避免这些情况，从而优化读书会的效果。

第一节　如何开场？

在开场部分，应当巧妙地吸引参与者的注意力。吸引他们的注意力后，需要从跟他们相关的话题入手，引起共鸣，这样可以更好地抓住他们的注意力。

因此，在开场部分，你可以通过提问来引发参与者的共鸣。例如，"如何改善自己的经济状况，提高自己和家人的幸福感？"这个问题是大家普遍关心的，因此能够引发共鸣，然后可以顺势提到前面讲到的 KEEP 模型中的情绪标签策略。无论是分享内容、写文章、拍短视频，还是讲解一本书，都需要在开始时引起别人的兴趣，这是非常重要的。

在提出问题之前，你可以做一些铺垫，可以采用三种方法：**新机会、旧场景、大数据**。当你提出问题时，可以先加上铺垫，让问题更加真实，引起大家的兴趣。

新机会（会带来新问题）

什么叫新机会？例如，我在开场时讲："你一定要借助人工智能 AI 工具，并且通过 AI 写作的五个步骤实现目标。"直接讲五个步骤可能会让大家感到无聊，不知道这些与自己有什么关系。你可以先做一个铺垫，提供一些"新机会"的信息。例如，"现在随着 ChatGPT、OPI 等工具的发布，各行各业都出现了很多使用人工智能工具的新机会。这些工具为各行各业的人带来了很多新的机遇，可以提高工作效率。"

接下来，你可以结合自己的方法来引出问题。具体来说，你需要让参与者清楚地了解你想要解决的问题是什么。是解决被取代的问题，还是解决将 AI 与自己的工作相结合的问题？在向参与者介绍新机会时，先做一些铺垫，然后引出问题，并介绍解决方案。这样做可

以更好地让参与者产生兴趣。

当当网的创始人李国庆老师在讲《初为经理人》时,就是以新机会做铺垫并引出问题的。他说:"我不知道你是否有过这样的经历?从业务明星突然转变为经理,带领着六个人或者十个人的团队。在第一个半年里,你是不是感受到了无尽的痛苦?"

你看新机会是升职为经理,走上管理岗,但是马上带来的是新问题:如何带领团队?这是第一种方式:**新机会带来新问题**。

旧场景

第二种方式是运用旧场景来引出问题。举个例子,王霄老师在她的《幸福课》一书中,写过一些常见的场景。

• 孩子逛街时,看上了一件玩具。那么,我到底要不要买给他呢?

• 孩子在邻居家玩,到了约定离开的时间了,他还赖着不走,到底要不要由着他呢?

这些场景对于很多家里有小朋友的家长来说都不陌生。我们可以用旧场景引出问题,再提供解决方法,即如何应对这些场景。

在讲阅读方法时,你可以提出以下问题。

• 你是否曾经读完一本书,但合上后,却发现什么都记不住?

• 你是否写了一篇超棒的文章,但阅读量和传播量却少得可怜?

这些场景都可以帮助我们引出问题。

那我是怎么找旧场景的呢？当我写讲稿时，我也是先确定重点，然后问自己，为了讲解复盘的四个步骤，我需要提出什么问题？我是否可以想出一些场景来说明这四个步骤可以解决哪些问题呢？

我回想了一下，发现每个人在公司里都需要写工作日志，但很多人只是为了应付而草草交差。这种流于形式的工作日志对个人和整个团队都没有帮助，只是形式主义而已。那你看这是否就是一个场景？这个场景可以引出问题：如何撰写工作日志，才能使其对自己和团队都有帮助？接下来，可以提供解决方法，分享四个方法来提高工作日志的质量。

在《输赢心理学》这本书的讲书稿中，作者先介绍了一个旧场景：中国孩子可能特别喜欢竞争。然后，作者马上引出问题：为什么我们会喜欢竞争？一旦问题被提出，作者就可以顺理成章地引入接下来的内容。

大数据

除了前面提到的两种方法，**第三种方法是运用大数据来引发关注和问题。**

例如，最近人们关注的 20～25 岁年龄段的人失业率高达 20%，一旦说出这个数据，你就可以引出一个问题，并结合书中的内容讲干

货。以职场书籍为例,你可以这样展开:"近年来,24 岁以下青年失业率首破 20%。在这样的背景下,如何提高自己的竞争力?如何成为独一无二的人?如何规划职业道路?这些问题显得尤为重要。"

在一些经典的书籍中,你也会看到类似的方法。例如,作者在《高效能人士的七个习惯》中谈论协作时,并不会一开始就谈论协作的方法,而是先介绍了一些数据,指出大多数公司存在许多不满和混乱的情况。

• 仅有 37% 的人表示自己清楚地了解所在公司的工作目标和宗旨。

• 仅有 20% 的人对于自己所在团队和公司的目标充满热情。

• 仅有 20% 的人表示对于自己的手头工作与团队(或公司)目标之间的关联有清楚的认识。

• 仅有 15% 的人觉得公司会完全信任他们可以达成重要目标。

• 仅有 20% 的人完全信任自己任职的公司。

介绍了这些数据后,引出问题,然后提供解决方法。当我在早晚读书 App 上写《精进 2》的讲书稿时,我通过自问自答的方式进行,其实也是运用了这个方法。

• 问:你为什么要读这本书呢?

• 答:因为它能让我变得更加优秀和厉害。

• 问:关于变得优秀,有什么热门话题吗?

• 答:最近的热门话题——35 岁焦虑。

- 问：那关于35岁焦虑这个话题，有没有什么惊人的大数据？
- 百度一下，会看到很多有趣的数据：有超过85％的职场人有35岁焦虑，近三成青年群体有抑郁风险，31~35岁人群焦虑感最严重。

所以让问题更具体的方法，即运用新机会、旧场景和大数据来引出问题，然后用问题引出接下来的内容。

你可能会注意到：在本章开头，我通过一些问题来吸引大家的注意力，随后并没有直接给出新方法。以学习经济学为例，没有人一上来就给出新方法，而是先给一个旧方法：很多人以为买一套经济学的书看一看，就可以了。然后马上否定这个旧方法："可是很多人会说看不下去。"

为什么要转一个弯，而不是直接引出问题、直接抛出方法？这其实是一种开场的技巧，称为设置悬念或者设置冲突。通过在问题和答案之间制造障碍，在问题和答案之间，让大家"撞一下墙"，"碰一下壁"，从而提高他们的关注度和兴趣。

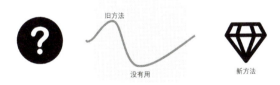

总结起来，在开场部分，你可以尝试做以下三件事来优化开场效果。
- **先提问**。通过提问，引起大家的关注和兴趣。
- 为了让问题变得更具体，**可以加上三种类型的铺垫**，为问题提供更多的背景信息。
- **为了让问题充满悬念，搭配旧方法**。先提及一个常见的观点或方法，然后立即质疑或推翻它。

铺垫　　　　问题　　　　旧方法　　　　干货

第二节　讲解重点

当你讲一本书时，不要将整本书复述一遍，而要从中挑选出一些重要内容进行分享。因此，你需要像榨汁机一样，从你读到的章节或整本书中挑出重点内容进行分享。

案例：找重点

你看以下内容，哪一个是重点？

1. 边际效用
拥有一切，你就真的幸福了吗？
"等咱有了钱，喝豆浆，买两碗，喝一碗再倒一碗。"
经济富裕是很多人的追求，可等你真的拥有了一定的经济条件之后，就能得到想要的幸福了吗？

2. 书中作者为大家讲述了一个故事，罗斯福是美国历史上唯一一个连任四届的总统。有位记者问他，第四次当总统有什么样的感受，罗斯福没有当场回答，而是请记者吃三明治。吃第一块的时候，这个记者心里那个美，总统请我吃三明治，这是无上的荣耀。可等吃到第二块的时候，这种心情就不复存在了，吃到第三块时，甚至有些难以下咽。这时候，总统将第四块三明治放到他的面前，说你吃完第四块，大概就能得到答案了。

3. 这就是边际效用：每消耗一个商品，它所带来的享受是递减的。

4. 那难道我们就不去追求更多的资源与权益了吗？
当然不是，每个人都希望成为边际平衡的高手。
我们不能把所有的时间、精力、金钱都放在一件事上，而是要在所有领域、所有活动上进行有效的平衡分配，只有这样才能获得较大的幸福感。

正确答案是第3个。

什么叫重点？重点必然涉及是什么、为什么、怎么做？

这里面提到了边际效用，那么边际效用就应当是重点。

第3个内容阐述了什么叫边际效用，即每消耗一个商品，它所带来的享受是递减的。

讲故事

以边际效用为例,不能一上来就讲边际效用的概念,而要在前面做一些铺垫:先提问题,提完问题之后,不直接讲重点,而要先讲一个故事。这个时候,你会发现一个很有趣的现象,前面讲的那三种案例(类比案例、经典案例、实践案例)都是可以前置的。

> **问题** 边际效用
> 拥有一切,你就真的幸福了吗?
> "等咱有了钱,喝豆浆,买两碗,喝一碗再倒一碗。"
> 经济富裕是很多人的追求,可等你真的拥有了一定的经济条件之后,就能得到想要的幸福了吗?
>
> **故事** 书中作者为大家讲述了一个故事,罗斯福是美国历史上唯一一个连任四届的总统。有位记者问他,第四次当总统有什么样的感受,罗斯福没有当场回答,而是请记者吃三明治。吃第一块的时候,这个记者心里那个美,总统请我吃三明治,这是无上的荣耀。可等吃到第二块的时候,这种心情就不复存在了,吃到第三块时,甚至有些难以下咽。这时候,总统将第四块三明治放到他的面前,说你吃完第四块,大概就能得到答案了。
>
> **重点** 这就是边际效用:每消耗一个商品,它所带来的享受是递减的。
>
> **质疑** 那难道我们就不去追求更多的资源与权益了吗?
> 当然不是,每个人都希望成为边际平衡的高手。
> 我们不能把所有的时间、精力、金钱都放在一件事上,而是要在所有领域、所有活动上进行有效的平衡分配,只有这样才能获得较大的幸福感。

我在讲重点之前,可以先讲故事,然后再引出重点。在引出重点之后,我可以做一个小补充。这是应对质疑的一种讲法。当你讲完之后,如果觉得有一些需要补充的,你可以以自问自答的方式进行。所以你看,这是一种技巧,在讲重点之前,用问题和故事来作铺垫。

旧方法

案例1:

接下来,我们来看第二个重点——沉没成本。这里有6个片段,请问你觉得哪一个片段谈到了重点?

1	沉没成本 什么时候该选择放弃？
2	我们在判断一件事情的价值时，总以为自己付出的精力或金钱是成本。这其实是错误的。
3	成本是什么？成本是放弃了的最大代价。
4	例如，我们看一部电影，坐在电影院里15分钟或20分钟之后，发现电影不好看，怎么办？从经济学的角度来看，此时放弃的最大代价是最低的，应该立即起身离开，但是有多少人能做到？人们会觉得我钱都花了，不看岂不是浪费了？此时你看电影花掉的钱已经变为沉没成本。
5	凡事提到了成本，我们一定是向前看，而不是向后看，所以沉没成本并不是成本。
6	同样，如果我们向前看，不纠结于已经沉没了的成本的话，一份工作该不该换、一段感情要不要放弃也就显而易见了。

正确答案：3和5。

什么是成本？成本是放弃了的最大代价，所以但凡提到成本，我们一定是向前看，而不是向后看，这就引出了沉没成本的概念。其实你看这个片段的小标题叫沉没成本，但是它先解释了成本，然后再解释什么叫沉没成本。在这个问题上，我们可以采取设置悬念的方式来讲授。我们可以先提出一个问题：我们在什么时候该选择放弃，什么时候该选择坚持？

问题	沉没成本 什么时候该选择放弃？
旧办法	我们在判断一件事情的价值时，总以为自己付出的精力或金钱是成本。这其实是错误的。
重点	成本是什么？成本是放弃了的最大代价。
案例	例如，我们看一部电影，坐在电影院里15分钟或20分钟之后，发现电影不好看，怎么办？从经济学的角度来看，此时放弃的最大代价是最低的，应该立即起身离开，但是有多少人能做到？人们会觉得我钱都花了，不看岂不是浪费了？此时你看电影花掉的钱已经变为沉没成本。
重点	凡事提到了成本，我们一定是向前看，而不是向后看，所以沉没成本并不是成本。
应用	同样，如果我们向前看，不纠结于已经沉没了的成本的话，一份工作该不该换、一段感情要不要放弃也就显而易见了。

设置悬念，抛出问题，不直接给出方法，而是先给一个"撞墙"的旧方法。这个方法当然是无效的，但是你把它说出来，然后再证明它是无效的。

你在评估一件事情的价值的时候，总是以为自己付出的精力或者金钱是成本，但这实际上是错的。那正确的观念是什么？引出正确的观念：成本是放弃了的最大代价。

讲完重点之后，我们马上给出一个例子，例如观看一部电影。举完例子之后，我们还可以补充成本和沉没成本之间的关系，以加深大家的理解。

最后，我们将理论应用到实际中，例如换工作或感情问题。通过这样的讲解方式，大家就知道该怎么做了。

案例2：

接下来看，收入的高低由什么决定？其中重点部分是第二段。书中给出的答案是，员工的议价能力取决于他在别处的机会。然后下面解释，如果一个员工在其他地方有机会，他就可以随时离开。而如果员工在别的地方没有机会，他就不得不老老实实待在当前的工作岗位上。

第一段以一个问题引发思考，探讨了工资保密现象以及同工不同酬的问题，这是一个旧场景，用来引出接下来的讲解。你有没有发现，作者不管是写一个段落，还是写整篇的讲书稿，其实都是这些套路的反复组合运用。

问题	收入的高低是由什么决定的？ 终于聊到大家最关心的问题了，那就是收入。 很多企业员工的工资都是相互保密的，其中很可能存在同工不同酬的问题，很多人会觉得这件事太不公平了，凭什么别人的收入就比我高？ 那么当你跳槽的时候，是否有底气去争取更高的工资呢？
重点	书中给出的答案是，员工的议价能力取决于他在别处的机会。 如果一个员工在别处的机会很多，那么他随时可以选择离开，到福利待遇更好的地方去。 但如果一个人在别处没有机会，那么他就没有什么议价的能力可言，只能老老实实待在原来的企业里工作。
案例	为什么近些年月嫂的工资越来越高？ 就是因为总有人给她们开出更高的工资，所以她们的工资也就节节上升了。

如果拆细一点，你就会发现，前面是问题，接着是重点，最后举个例子。例如，在解释月嫂的工资为什么这么高时，可以先提出问题，接着给出重点，最后举例说明原因，是因为有的人经常会给她们开更高的工资等。

拆本质

在讲解知识点的时候,除了运用讲故事和旧方法,还可以做什么呢?还有一种常用的方法是拆本质。在张家瑞老师的《逻辑说服力》一书中,作者提到了一个"问元芳"模型。

- **明确问题**。
- **找出原因**。
- **提出解决方案**。

南希老师在读书会创始人社群中讲解书稿时,也用到了这个模型。首先,提问:"为什么人们都认可阅读的好处,却做不到高质量阅读呢?"作者认为,很多人都对阅读存在如下误解。

①读书要从易到难。如果你想象不出自己看《论语》的画面,或许你也存在这种误解。

②读书需要从头读到尾,从第一页读到最后一页。

③一段时间只读一本书。

④在读书前,不知道先选书。

⑤喜欢追新,读一堆畅销书,但不看长销书。

其次,找出原因。为什么会出现上面这些误解呢?最重要的原因是人们不了解阅读的科学原理。

该书作者阳志平老师在认知科学领域从业了二十余年,同时是一位读书人、藏书数万。他基于科学研究与个人阅读实践,提出了阅读的系统模型。

该模型将任意一次阅读行为分为三个要素:**阅读者、文本与情境**。阅读者,即进行阅读的人。文本,泛指阅读者阅读的信息,作者将其分为信息型、叙事型和美感型三类。情境,也称为心理情境,指阅读时，书中内容唤醒你的记忆，所创造出的心理情境，如想起某段时光、唤起某一段回忆等。学习阅读为什么还要了解这些呢？以阅读者为例，阅读要利用大脑，那么就需要了解大脑的运作规律，如大脑喜好模式、大脑细化情感等。了解和运用这些规律，让你的大脑爱上阅读，至少不像之前那样害怕阅读。

最后，寻找解决方法。那么，具体怎么读呢？

……

什么叫拆本质？

我举个例子，在王强老师的幸福课里，他谈到了一个很重要的话题，到底是听孩子的，还是听家长的？比如说，孩子在超市哭着闹着要买玩具，或者你带他去别人家里玩，本来你约定好了8点钟就要回家，结果他不肯离开。这个时候就引出了问题：你到底应该听孩子的，还是听自己的？王强老师运用了拆本质的方法，揭示了问题的本质：你实际上是想控制孩子。王强老师建议换一种视角，即从帮助孩子成长的角度来处理问题。

所以，这种方式是先理解本质，然后再给出方法。

第三节　如何结尾

讲一本书的结尾时，有两种方式：**总结和号召**。

总结

案例1：

以《输赢心理学》这篇讲书稿的结尾为例，讲书人在总结部分阐述了书中的三个核心观点后,马上说:"以上是《输赢心理学》的全部内容。这本书为你普及了三个不太容易想到的观点:第一,势均力敌的时候,竞争才会有激励作用;第二,女人面对竞争时更理性,男人则容易高估自己的竞争优势;第三,一个人是否喜欢竞争是一个生理问题,与睾酮水平有关。"

案例2:

重申了定位理论的价值,包括争夺心智、找到钩子、操作手册三个关键方面。在这个过程中,列举了三个独家案例,分别是十八街麻花、李亚定位和股权融资。还总结了两个职场实操技巧:求职定位和职场定位。

读书人强调了"定位,恰恰是不定位"的核心观点,提醒听众要打破对定位的既有认知,才能真正懂得什么是定位。

这都是在做总结,这种方式在讲书稿中比较常见。

号召

号召这种方式具体分为**推销和升华**。

1. 推销

一份关于薛兆丰老师的《薛兆丰经济学讲义》的讲书稿结尾是这样的。

> 其实打从一开始有书君提到作者的名字时,估计很多朋友就已经对这本书产生了兴趣。
>
> 1
>
> 在近几年很火的节目中,作者常常会用身边常见的案例向观众解释其中的经济学原理,让这样一门难以理解的学科变得不再那么枯燥乏味。这份北大经济学讲义也是如此。
>
> 2
>
> 书中分为10个章节,几乎将我们身边常见的经济学原理都用通俗易懂的方式解释了一遍。
>
> 3
>
> 作为一本经济学入门的书,它很适合初学者。
> 如果你也感兴趣的话,不妨和有书君一起读一读。

为什么要在结尾说这么一大段？为什么不说完重点后，直接说谢谢你，然后结束？

在读书会中讲一本书的目的，除了介绍核心观点、解决问题，更重要的是让听众对这本书产生兴趣，并鼓励他们去购买、阅读。所以在结尾的时候，你可以号召大家去买书看看。

其实回到你讲书的目的，不是为了让大家听完之后，再也不看这本书了，而是让大家听完之后想去看这本书，这才是聚在一起做读书会的目的。

那怎么推动大家去买书呢？可以使用一种非常简单的推销方式：利用FBA模型。

> 其实打从一开始有书君提到作者的名字时，估计很多朋友就已经对这本书产生了兴趣。
>
> 优点(Advantage)
> 在近几年很火的节目中，作者常常会用身边常见的案例向观众解释其中的经济学原理，让这样一门难以理解的学科变得不再那么枯燥乏味。这份北大经济学讲义也是如此。
>
> 特征(Feature)
> 书中分为10个章节，几乎将我们身边常见的经济学原理都用通俗易懂的方式解释了一遍。
>
> 利益(Benefit)
> 作为一本经济学入门的书，它很适合初学者。
> 如果你也感兴趣的话，不妨和有书君一起读一读。

FBA模型包括三个要素：**特征（Feature）、好处（Benefit）和优势（Advantage）**。

首先，向别人推荐一本书时，可以通过讲述优点来引入。例如，你可以说作者经常使用生动的语言来讲解经济学原理，让一门原本很难理解的学科变得不再那么枯燥。

讲完优点之后，接下来可以讲述一些具体特征。这本书包含10个章节，这是一个特征。这10个章节几乎把生活当中常见的一些经济学原理都解释了一遍。最后，对想要学习经济学的人来说，这本书是非常合适的入门书籍。你可以在结尾部分向潜在客户展示书籍的价值，并激发他们的购买意愿。

2. 升华

在理性的总结基础上，让方法论成为一种人生观和价值观。以下是关于《蔡康永的情商课》和《复盘》的例子。

案例1：《蔡康永的情商课》

这本书的三个要点强调了现实中的爱并非非此即彼，而是一个程度渐变的存在。现实中的爱是不完美的，把感情想得太美好，对感情也是一种伤害。正如康永哥所说，没有人能追求完美的幸福，因为它不存在。真正的高情商是认识到世界上只有一种东西——"我的幸福"。

案例2：《复盘》

这本书的三个要点展示了如何通过复盘来获得经验，无论是完成公司项目、客户谈判，还是生活中的经历，如谈恋爱、养育宝宝、旅行等。对这些经历的复盘，都会让你获得宝贵的经验。俗话说："跌倒不可怕，可怕的是你在同样的地方反复跌倒。"一个人之所以能够成长，并不是因为他从不跌倒，而是他每次跌倒后，都会用复盘这个工具帮助自己反思。所谓的高手，无非是他们比你练习得多，并且他们比你更擅长反思和总结。

在奇葩说这个节目中，辩手们将结尾的升华称为"上价值"。在中国，有一个上价值的模型："道、法、术、器"。在讲方法和工具时，你可以在结尾升华到"道"的层面。例如，在谈论阅读时，可以这样升华："我今天分享的不是阅读，而是给你一把丈量世界的尺子；不是在说沟通，而是在聊和这个世界相处的态度；也不是在做读书会，而是在编制一张属于你的价值网络。"在很多书的序言或者章节的结尾处，作者都会写升华的句子，不需要你自己写，你可以直接摘录。

※ 总结 ※

在结尾部分，我们常用总结和号召的方式来结束读书会。看到这里，你可能会说："哇，原来要讲好一本书，有这么多的细节要考虑。这也太难了吧?!有没有什么方式，可以让来参加读书会的小伙伴快速掌握这个分享书的框架呢？"接下来，我就教作为读书会创始人的你，将整个过程总结到一页纸上。

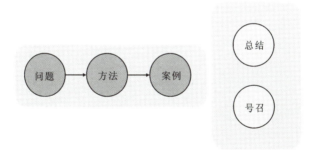

我前面是用拆解的方式，讲完开场、重点和结尾。将这些综合起来，就变成了一个工具。

那么，这个工具到底是什么呢？洋葱阅读的老学员应该能够回忆得起来，就是火箭图。

火箭头

火箭图其实包含了三个部分,第一个部分是火箭头:你为什么要读这本书?

在引出问题时,我们可以使用"火箭头法",它包括三个部分:旧场景、大数据和新机会。通过这种方式,我们可以引出值得关注的问题,并引起听众的兴趣。

中间部分——三个重点

在讲书过程中,我们要挑选出三个重点,像本章中提到的《薛兆丰经济学讲义》这本书,我们就从中挑选出了包括沉没成本在内的三个重点。

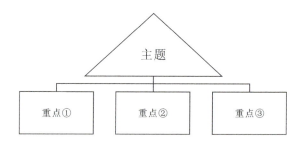

中间部分——解释三个重点

为了能够讲清楚或者让别人能够理解这三个重点,你可以使用类比案例、经典案例和实践案例。

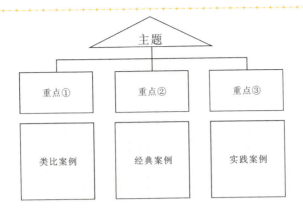

在讲解每一个重点之前,我们还可以添加一些引导性的内容,如故事、场景、问题或旧方法。

抛出一个问题,先说一个旧方法,然后再引出重点,激发听众的兴趣,让他们对接下来的讲解更加关注和重视。

结尾——总结、升华

在结尾部分,我们可以用总结和升华来概括整个讲书过程,还可以巧用一些金句、名言等,以增强表达的感染力。

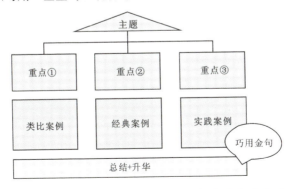

很多洋葱读书会的小伙伴在分享书的时候或做线下社群活动时，其实也是用的这个工具——火箭图。看上去就是这么一个火箭图，几个格子，但其实可以往里面加很多有趣的素材。有点类似于装修房子，框架是固定的，但是你可以设计软装。在结尾部分加一些闪光点来吸引听众的注意力，使整个讲书过程更加生动有趣。

使用火箭图的好处非常明显，具体如下。

1. 逻辑清晰

如果你要做一个讲书型读书会，你就可以使用火箭图，在讲书前整理思路，使整个讲书过程逻辑清晰。

2. 抓注意力

通过类比案例、经典案例和实践案例，可以吸引听众的注意力，使他们在整个讲书过程中保持积极参与的状态，从而更好地理解和消化所讲内容。这样的话，才能达到讲书的目的，既能让他人愿意听，同时也能让他人听得懂。只有愿意听，听得懂，别人才有可能对这本书产生兴趣。

3. 锻炼现场表达和复盘能力

通过使用火箭图，你不仅能够了解一本书的内容，还能够锻炼现场表达和复盘的能力。

因此，无论是前面提到的共创型、领读型读书会，还是本章讲的讲书型读书会，火箭图这种方式都值得一试。

你可能会遇到一些困难。例如，可能某些环节被忽略了，或者你不太熟练，有时候你觉得可以在一天内准备好，但实际上需要准备好几天。我想告诉你的是，这些都是很正常的情况，你只要尝试了就好。即使偶尔出现小失误或磕磕绊绊，也没有关系，重要的是你去尝试了，所以成功的定义是做到了之前没有做到过的事情。

经过计算，将每种方式互相结合，总共可以得出54种不同的组合方式。具体计算公式如下：

$$3（开场方式）\times 3（解释方式）\times 3（铺垫方式）\times 2（结尾方式）= 54$$

通过尝试这些不同的组合方式，我们可以为讲书过程提供更多的可能性，从而使讲书更加生动有趣。

读书会创始人，其实离讲师已经很近了。一旦你开始做读书会创始人的项目，当你开始领读、讲书、共创，其实你已经学会了很多线下线上的与讲课相关的技能。如果未来你想做讲师，我认为就轻而易举了。

这也是做读书会创始人的目的，一方面让更多的人爱上阅读，另一方面也希望能够让知识变现，而不是只学一堆理论。你只有持续地服务别人，在每一个阶段都去帮助别人解决问题，未来才有可能获得相应的报酬和资源。

※ 答疑 ※

1. 八宝老师：如何不让大家跑题？

我现在做的读书会类似于讲书型读书会，我在里面还加了一个模块：每个人讲完之后，会给几分钟的时间进行提问和讨论。他们有时候就会从某一点发散很远，这样在时间控制上就会比较痛苦。

小六老师：你指的讨论是针对你的表现，还是针对某个话题？

八宝老师：比如，一个人讲了一本书，他先讲8分钟，然后我会给他7分钟的时间提问或者组内讨论。

小六老师：我确认一下，如果你这个小组有5个人，其中1个人讲了8分钟之后，接下来干吗？

八宝老师：接下来就是剩下的4个人向这个人提问，或者共同讨论某个观点。

小六老师：限制提问范围，写出提问原则。

我觉得这个环节加得很好，但是你要注意，我建议你最好补充一些提问的技巧，比如说，只提与刚才讲的内容相关的问题。

我当时在得到商学院的时候，他们也有类似的分享。每个人分享完了之后，也会有提问环节。主持人就把提问的范围打在屏幕上，如只提与刚才讲的内容相关的问题或只提一个跟自己相关的问题。

提的问题必须具体，回答起来也非常聚焦，这样听众听的时候就会觉得很有收获。不然的话，只有提问者很积极，其他人觉得这个问题与自己没有什么关系，就会导致其他人注意力不集中，整个场子就散掉了。

2.八宝老师：都没有问题怎么办？

小六老师：你可以采用一个工具，就是前面讲到的ORID。在提问的时候，很容易犯的一个错误就是一上来就提一些思考性的问题，如你怎么看？你怎么认为？你怎么理解我刚才讲的东西？这些问题很容易答不上来。

八宝老师：我的意思是现在可以向这个分享者提问，或者进行探讨，小组剩下的人没有问题，就"冷"在那里了。

小六老师：先做记录，再思考问题。我刚才其实回答了，因为你让他提问，就意味着他要先思考。所以，这个时候，我觉得可以先不要问，而是先写。

例如，你是否还记得我刚才让你看那个5分钟的视频的时候，我做了什么预置动作？你可以写下你觉得比较有意思的关键词。我不要让他先思考，我让他去记录。因为都是一些事实性的东西，他只要截图或者记录他感兴趣的东西。从观察上升到思考的前提一定是要有记录，没有记录就没有思考。

所以为什么他们提不出问题？提不出问题往往是因为他们快速地过了一遍，有点像风过无痕，左耳进右耳出，他们的大脑里什么也没有留下。

3.萌萌：读书会宣传海报会涉及哪些内容呢？

小六老师：观察别人的海报。我建议你看看我过去几天在群里发布的一些海报，我每天都会在群里分享学员的海报。你的朋友圈里也有一些朋友会发一些读书会的海报或者招募信息，你可以观察一下他们都做了些什么，好不好？我觉得这是一个很好的机会。当你观察完之后，你可以讲述你的发现，然后我再做一些补充。这样你可能会更加深刻地记住它。其他老师也可以针对萌萌的问题，去观察一下朋友圈。

很多时候，学习并不是提供一个标准答案，而是可以通过观察,学会很多内容。如果你参加过拆书帮,会看到当他们做拆书分享时,他们也有一种特定的形式。是什么呢?只要你参加一次,就可以将经验分享出来。

自己看书是一种方式,听我讲也是一种方式,而观察别人的做法也是非常好的学习方式。因此,我希望这本书不仅仅为你提供知识,更希望你能够体验多种学习方式。感谢萌萌的提问,期待你的分享。

1. 钱钱:讲书型读书会需要在发布前先读完一本书吗?

小六老师:

不一定。什么叫需要?你如果能提前看完的话,我觉得那当然是最好的。

(1) 推荐看过的或者与比较关心的话题相关的书籍

例如,如果你要办一场"520"读书会,你可以邀请参与者带一本他看过的或者他喜欢的与爱情相关的书来到现场。

(2) 现场看

还有一种形式,参与者可能需要到现场来看。这个时候,你就需要基于主题,快速地从一本书的目录里面去找到一些重点章节或者片段。这比起在活动之前看书,会更加复杂一点,因为你多了一个现场看书的环节,还多了一个讲火箭图怎么做的环节。

第五章
读书会实践案例

> 让我们一起借助读书认识自己,从内心寻求力量,活出属于自己的幸福人生。

读书会创始人

我与读书会的故事

■ 赵芙蓉

"学乐汇心理"微信视频号主理人

OH 卡牌心理疗愈师

心际迷宫传播者

曾经的我，开了十年书店，却未曾沉醉于书海。

2012年，在孩子步入青春期之际，我遇到了家庭教育的问题。无奈之下，我开始参加线下读书会。

还记得我读的第一本书是张德芬老师的《遇见未知的自己》，同时开始参加每周三的读书会。每次都是带着一本新书回家，一周内读完，再带着另一本参加读书会。

2013年，我逐渐养成了每周读一本书的习惯，也开始阅读电子书。我最开始做得最多的就是将书籍中的金句摘抄在本子上，同时也会结合自己的生活进行思考。

2014年，我开始在读书会上与大家分享阅读心得与实践成果。随着阅读量的不断增加和我不断高涨的分享热情，我竟然成了我身边人的书籍推荐官。每当他们在自我成长及家庭教育方面遇到问题，就会寻求我的支持。**在支持他人的过程中，我发现我整个人好像有了生机和活力。**

2015年，我创建了自己的线上读书会微信群。我们共读的第一本书是《轻而易举的富足》，我们反复阅读这本书并在群里践行，我也因此赚到了自己的第一个一百万元。

2017年，我开始组织线下读书分享活动，聚焦女性成长和家庭教育。同时，我自己也投身心理学学习，并成为最后一批获得人社部认证的心理咨询师。在每年近百场的读书会分享中，我巩固和提高了自己的心理学知识及咨询能力，也让生活中的心理学在沈阳更多人的心中得到了认同和接纳。

作为一个有目标、计划和想法的女子，我在机遇面前从来都是个幸运儿。当我接触到一个读书会品牌的时候，刚好也是我陪读生涯结束的时候。我知道我的春天来了，我的机会也来了，天遂人愿，就这样，我和一群热爱读书、学习的朋友共同成为这个品牌的城市运营商。

2018年，我用一年的时间，借助OH卡牌这一心理学的工具和读书分享的方式（OH卡拆书），走上了致力于支持百万女性实现自我成长、传播生活的心理学之路。

2019年，我独立开设自己的OH卡牌课程。首期种子班学员在不到一个月的时间里就招募过半。同年6月，第一期线下课程开始了。每周至少两次的读书会是我们学习的必备环节，读心理学和女性成长等方面的书籍，让我们深深受益的两本书是《一平方米的静心》和《镜子练习》。

刚起步的我还算幸运，即使在新冠肺炎疫情形势严峻的那三年，我也幸运地抓住了视频号的这波红利，在2020年4月成为视频号的领读人。我们以"向世界安利1000本书"为主题，每周二进行直播，出版社为我们提供书籍和奖品。

借此机会，我这个素人在一次次直播中，通过读书点亮了更多人的生活，同时也照亮了自己的生命之路。**我更加明白了借由读书认识自己、从内心寻求力量的意义。**

历经3年多的时间，1000多场直播，900天的早起读书，我的社群里有100多位姐妹家里多了一个藏书100—200本的书架，她们的孩子也投入到阅读中，而不再沉迷于手机。亲密关系因读书而变得和谐，家庭生活也因读书而变得丰富多彩。女性的情绪变得平和、稳定，自我价值感也因读书而得到提升。

2022年4月23日，我们携手素人姐妹直播12小时，大力推广全民阅读。2023年，我加入了帆书（原樊登读书）创业知识教练团队，和姐妹们一起参加帆书十年的全民阅读推广活动，并且获得了创业知识教练榜首的荣誉。同年8月，我受邀到北京参加金箔老师在唐山大厦的"给城市松松绑"的演讲，同时在北京朝阳书店和总部人员开了创业知识教练的圆桌会议。

过去的十年，读书和读书会为我带来了焕然一新的人生和事业。我的家庭和谐幸福，孩子也成长为独立自主的人。

当下的我很有幸借由小六老师结识了李海峰老师的DISC社群的5000多名学长、学姐，我是幸福和幸运的。

2023年9月的北京R4班、10月的上海R6班的人际关系必修课，让我有机会在圈子中得到更多优秀人士的助力，并得到了任博老师的倾囊相授。其实这一切都要感谢小六老师的读书会创始人社群，它犹如照亮我人生的灯塔。读书，必须是众乐乐之事。就在我想着怎么让身边的姐妹们做自己的读书会时，意想不到的机遇再次降临，我的出书计划也提上日程。是的，如今你手中捧读的这篇文章，便是我的一个小小彩蛋，也是我心想事成的见证。

我特别认同海峰老师的这句至理名言："**不要用成长的感觉替代成果的获得。**"这也是我未来的前行方向。

不会就学，学了就用，错了就改。现代社会不缺知识和道理，不缺老师和学生，然而，**通过读书获取知识，实现价值最大化，从而带来个人的改变，这才是王道。**

未来的我会借助读书会赋能更多的女性姐妹，致力于支持百万女性实现自我成长，传播生活中的心理学，用一生去践行。

让学习乐在其中，让读书乐在其中。读书让心灵的美好种子得以生根发芽、开花结果，还有什么比这更好的呢？让我们一起借助读书认识自己，从内心寻求力量，活出属于自己的幸福人生。

读书会创始人

> 读书会是一种既有趣又有治愈效果的方式,让我在忙碌的工作和生活中,找到一片属于自己的天地、一份属于自己的喜悦。

好玩又治愈的读书会

■ 李健

家庭医生
全科医师

我很喜欢听别人讲故事。上学的时候，听老师讲故事，放学路上，听同学分享他们读到的故事。在医学院上课时，我喜欢听老师讲一些特殊的案例故事。有的老师会在课前讲一半，让我在整个课堂中都会对这个故事念念不忘。下课后，我会追着老师问故事的后续，老师则会笑着平静地讲完这个故事。虽然这些故事并没有跌宕起伏的情节，但听完这个故事后，我心安了很多，感觉挺满足。

毕业后的一段时间，我还保持着听各种讲座的习惯，除了听专业内容，也为了听不同人讲述的故事。工作之后，变得非常忙碌，我经常感到身心俱疲。在不经意间，一位同事推荐我参加樊登读书会。在听过樊登老师讲解一行禅师的《和繁重的生活一起修行》后，我深感这样的读书会让我受益匪浅。在1个小时内，我听了这本书的核心内容，并且能将书的内容直接运用于工作和生活中。在职场中，我努力成为一朵慈悲的花，善待每个人，践行禅修。

我作为一名医生，深知无论身处怎样的境地、遇见什么样的人，都要修炼自己的心性。在门诊中，我可能会遇到对医生带有成见的病人，沟通时会遇到蛮横的人。**在参加了读书会后，我试着调适自己的内心，少一些抱怨，多一些自省，少一点烦躁，多一点从容。我努力在工作中寻找幸福、寻找快乐的秘诀。**毕竟很多时候，当我真诚地面对病人并为病人解决问题后，病人对我的感谢和鼓励也让我感受到治愈。

在研究生课程中，老师鼓励我们自行读书和总结。在一次卫生信息学的课堂上，老师让我们自由展示自己读过的书。我借鉴了樊登读书会的讲书方式，把樊登老师讲解的《颠覆性医疗革命》里的内容整理成演示文稿。当时我正好也在学习视觉呈现，又有幸下载了华美的《大鱼海棠》模板，将PPT做得很漂亮。在班级展示时，我获得了老师和同学的好评,觉得很开心。虽然这个演示只是一个小作业,但它为我在课程中取得 A 的成绩奠定了基础,并增强了我学好这门课的信心。

在与上海公共管理专业的优秀学生一同前往美国雪城大学访学的过程中,我们在麦斯威尔公民与公共事务学院上课。教授让我们分组讨论关于沟通的议题,并使用非暴力沟通的方法化解冲突。这让我想起了在读书会中听过的内容:**先观察事实,不带偏见和评价;表达自己的感受,而不是观点和想法;清楚、明确地说出需求;最后勇敢地向对方提出请求**。在课堂上,教授一遍一遍地带着我们用这种沟通方式来表达,分析一个个案例。教授带领我们做的课堂讨论与案例解决的练习,源于《非暴力沟通》这本书。这堂有趣的课,正像一场关于这本书的读书会。我在海外访学期间开阔了眼界,认识了很多同学,在与同学的交流中,发现原来优秀同学的读书量都是非常惊人的。

回国后,我发现课堂形式变得更加多样化了。在卫生经济学课堂上,老师组织同学们分组辩论,论题是在卫生服务中,政府主导还是市场主导更具优势。为了准备辩论,我从得到 App 以及网络公开课 MOOC 中寻找资料。我很喜欢从别人的讲解中吸收知识,视频、音频的展现方式让我更容易快速理解。在课堂上,我被赶鸭子上架,参加辩论,对于有些理论的理解还比较浅显。我便先学着解读人精讲的方式,逐步阐述观点,顺利地完成了这场辩论。

在朋友组织的线下读书会上,我遇到了其他行业的读书人。我听得津津有味,吸收了许多平时我不一定接触得到的知识。在与读书会的朋友们交流时,我发现在许多领域,我的阅读量远远不及他们。我发现自己了解到的这些书,也大都是通过听讲接触到的。在与大家的交流中,我受到了激励,要更加努力地多阅读。在读书会中,有位朋友分享了 OKR（目标加关键成果）的管理方法。后来，我渐渐发现很多企业都运用 OKR 做组织管理和绩效考评。我联系了当初讲这本书的朋友，告诉她当年讲的这个概念目前很火，她也觉得非常高兴。在读书会上，有的朋友分享的书，我自己也看过，可听不同人讲述又有不同的感受。

由于我的工作主要是在电脑前完成，下班后眼睛非常疲劳，几乎不太能再看电子屏幕，因此，得到 App 这样的手机应用刚好可以让我解放眼睛，靠听来学习。我最喜欢的是每天听本书，半小时左右就能了解一本书，各个领域的书我都愿意去听、去接触。

我在社区卫生服务中心做家庭医生，面对的是社区居民，而来门诊看病的大多是常见病和慢性病患者。我在日常工作中还要承担健康管理工作、承接公共卫生服务以及健康宣教等任务。作为全科医生，不仅要解决患者看病、配药等临床问题，还要逐步了解病人的心理诉求、社会变迁所带来的精神压力，甚至需要触动他们的心灵来促进疗愈。因此，我除了需要加强自己的临床专业知识储备，还需要涉猎各种领域，以便与不同居民进行有效沟通。我在每天下班后的空余时间，会打开听书应用，吸收各种领域的知识。在工作服务他人的时候，我不只是投入体力、脑力、精力，还需要投入情绪，为居民提供情绪价值。在患者想放弃控制血糖、血脂时，我会鼓励他们考虑长远，控制异常指标是为了预防未来的重大意外。面对丧偶的居民，我会辅导他们走出哀伤。在工作之外，我会阅读、听书、参加读书会、与不同人交流、培养审美能力。在工作中，我会为居民着想，为他们提供更好的医学建议。在受到患者的负面情绪影响的时候，我需要通过下班后的自我疗愈来调整状态。

作为社区家庭医生，我积极与居委会合作，组织健康讲座，向居民宣传健康知识。刚开始的时候,我不知道健康科普讲座该如何着手,便又学习网上讲书的内容,向社区居民讲解科普知识。后来,我正巧有机会参与一个健康促进项目,根据教案向居民讲解科普知识。首先,我与居委会先沟通安排场地。如果有项目支持,可为居民准备一些小礼品,小礼品可在活动结束后发。定好时间后,我做好宣传通知,并在讲座前一晚以及当天再次通知居民。社区的老年人非常守时,很多提前半小时到场。因此,主办方尤其是主讲医生千万不能迟到。提前调试好幻灯片,准备好物料,并带上签到表和笔。指派好现场人员进行拍照和录像。根据教案,我先做破冰游戏,然后将专业的知识用易于理解的方式呈现给居民。对于这次社区科普讲座,居民的反响很好。此后,我便按照类似的步骤组织健康讲座。其实健康讲座也是脱胎于科普书籍,像一次有趣的读书会。每一次健康讲座,我都会结合时令、这一阶段的医院工作、公共卫生要求,配合居委会的活动,迎合居民的需求。例如,在冬春季呼吸道疾病高发的时候,举办呼吸道疾病知识讲座;有免费大肠癌筛查的时候,举办关于大肠癌的讲座;居委组织妇女节活动的时候,共同举行关于妇女健康的科普活动。在进行涉及健康知识的讲座时,我会将最新的医学指南用通俗易懂的方式对居民进行指导。**举办这样的读书会,不仅需要我运用自己的专业知识和技能,还需要借助读书会的有趣形式,让居民更容易获得健康知识,提高健康素养。**

在参加了各种各样的读书会之后,我发现自己的生活变得更加丰富多彩,我的心态也变得更为积极和开放。**我不再只是一名忙忙碌碌的医生,而是一个兴趣广泛的阅读者、一个具有独特风格的分享者、一个富有爱心的邻家朋友。我开始更加珍惜每一次与他人的交流、每一次与书本的对话、每一次自我提升的机会,我也开始更加关注社会

的变化和发展，关心社区居民的需求和问题，尊重每一个人的价值。 我觉得自己不仅是在读书、参加读书会、举办科普讲座，更是在体验生活、认识自己、了解世界。我觉得自己不仅是在讲书，更是在讲故事、分享经验、探讨人生智慧。我觉得自己不仅是在听书，更是在听声音、听心灵、听未来。我相信，通过读书会，我能与更多的人建立联系和信任，从更多的书中获得启发，与更好的自己相遇。我相信，读书会是一种既有趣又有治愈效果的方式，让我在忙碌的工作和生活中，找到一片属于自己的天地、一份属于自己的喜悦。

> 我通过读书会见到了天地,见到了众生,最后遇见了更好的自己。

读书会创始人

见天地、见众生、见自己
——读书会让你我遇见更好的自己

■ 阿布

情绪力教练
家庭教育指导师
DISC+授权讲师

你是否很难读完一本书？一个人缺乏读书的动力？身边没有积极向上的读书环境？**独学无友，是一种深深的孤独。每个人都在寻求自我提升，渴望不断变得更好。**

我从小是个内向的人，没什么朋友，但我觉得自己内心是快乐的，因为我一直有书为伴。直到有一天，我看到了一篇关于高效休息法的文章，其中提到当你完成任务后，要给自己奖励。我想了半天，居然不知道要奖励自己什么，心想难道奖励自己再读一本书？我感到意外，用文字难以形容。**我才意识到一个人读书是有限的，我需要走出去。**

可是，说走出去就能走出去吗？我也不可能一下子就改变自己独立阅读的习惯。因为一个偶然的机会，我发现了网上有读书会，是一群人用2—3小时共读一本书。我抱着试试看的心态，决定尝试加入各种读书会。**没想到，一次尝试就打开了我人生的另一扇窗。之后，抱团读书成了我最好的成长和疗愈方式。**

参加读书会的次数多了，我也学着组织读书会。在一年多的时间里，我遇见了各种职业、各种身份的人，了解了各种人对生活的理解以及对人生的追求。

这里，我来分享自己的经历，我通过读书会见到了天地，见到了众生，最后遇见了更好的自己。

初识读书：见天地，建天地

这里，"见天地"放在了第一位。

读书不是目的，而是一种手段，用于构建自己的世界。通过向书本和人学习，不断探索人类文明的新边界和新高度。星辰大海、宇宙苍穹，这些都是客观存在的，见天地的过程就是通过书籍不断打牢基础，认识客观规律，寻找人生答案。

在读书会的初期，我不限制自己读书的题材，时间合适就去参加，通过广泛阅读开阔视野。

阅读的书籍包括：经典，如《传习录》《道德经》；心理学类图书，如《福格行为模型》《被讨厌的勇气》；实用类图书，如《非暴力沟通》《洋葱阅读法》；专业类图书，如《让孩子爱上阅读》《孩子内驱力》等。广泛阅读能够给我们带来的最大好处在于增加多元性，避免单一性。

很多书，一个人可能读不下去，或者读不明白，而在读书会中，通过领读人的引导和大家的头脑风暴，我们很容易就能将所学知识与自己的生活和工作联系起来，让知识真正带给我们改变。读书会的重要环节就是主题讨论，这个过程往往能碰撞出思考的火花，延伸出更多的问题，借此让自己的思考系统化。心智如刀，阅读来磨。读书会让阅读具有广度和深度，掌握的知识越来越多，思考越来越深入。先把书读厚，再把书读薄，书不再仅仅是书本身了。

读书形成了一个闭环，知识刻在脑子里，从而帮助我们的心智保持成长。这是读书会的精髓所在。

见天地意味着洞察世界发展的客观规律、未来的趋势，明了因果、接纳无常、敬畏无形的力量。你所读过的书、走过的路、遇过的人，皆成为你的格局，即建天地。

爱上读书会：见众生，鉴众生

参加读书会，你会遇见很多有趣、有料、志同道合的人。自然，你也会遇到完全不同的人。这更有趣，能让你看到全新的世界。就像读书，我们不能只读自己喜欢的书，我们也需要去试着思考我们不赞成的观点。**读书与交友，都应该走出舒适区，很可能就有意外的惊喜。**

每一场读书会，都是一场奇妙之旅。不知道会有几个人参加，不知道会遇到谁，每一次的出发都像是在开盲盒，充满期待，这种感觉是不是弥足珍贵？

一千个读者眼中有一千个哈姆雷特。在共读过程中，每个人的观点可能不同，因为人生经历各异。正如《额尔古纳河右岸》里的女儿在遇到自己的心上人之后，才理解了母亲和萨满之间的感情。小伙伴们的分享是最有意思的部分，我可以通过倾听了解到不同的人和生活。而且，在读书会上，大家都非常认真地倾听，当叙述者、倾听者都眼含泪花的时候，我们真正地"被看见"了。

机缘巧合，二宝有一次主动参加《一切都是最好的安排》读书会，我原本以为她才7岁，不会理解我们的讨论，可是没想到，每一轮分享她都非常踊跃，而且言之有物。

记得她谈到勇气时，那份笃定和自在让在场的成年人都忍不住竖起大拇指。如今，她遇到困难从不退缩，这份勇气让人敬佩。如果没有读书会，我不会了解到这个小小的身躯里蕴藏着如此大无畏的力量。

"了解越多人的故事，我对这个世界的偏见就越少。"**见过众生，我们就会看透人性的种种，能理解落魄者囊中羞涩的窘迫，能宽容穷人一夜暴富的傲慢，能接纳井底之蛙的短浅，能笑对不可一世者的狂妄，能看透吹嘘者的外强中干。在见众生的过程中，我们学会敬畏人性，懂得感恩，提升人生的幸福感。**

当然，在见众生的过程中，我们也有可能被带偏，受到一些偏执观念的影响，走向极端，从而丢掉自己应有的价值判断。这是蜕变过程中必经的阶段。

当我们迈过见众生阶段，我们就学会鉴众生了，形成自己的价值观，我们会变得更加自信，不为外物所扰，不轻易掉进别人的价值评判体系。见过更多以后，依然相信美好的东西，我们就来了下一个阶段：见自己。

让读书会成为自我展示的平台：见自己、荐自己

将见自己视为读书的最高境界，是因为读书的最终目的就是能够与自己更好地相处。知人者智，自知者明，能深度看见自己的人，才是真正活明白了的人。

在日常生活中，我们都是被"卡"住的人，有很多社会角色，如妈妈、妻子、女儿、姐姐、职员……唯独"自己"被隐藏和遗忘了。一个好的读书会，能提供一个开放的环境，在那里我可以暂时只是我自己，或者发现不一样的自己。我可以穿得和平时不大一样，表现得不拘一格，真诚地打开心扉，分享自己内心的想法。我也可以什么都不说，只听别人说话。

参加读书会，单纯做自己。很多小伙伴的感受都是觉得意外，发现自己原来还有这样的一面！几乎每一场读书会都有让我印象深刻的地方。

记得有一次，女儿在参加《金钱的灵魂》读书会时，正处于人生低谷，因为她虽然考上了心仪的大学，但在国外一个完全陌生的环境里学习，各种不适应，她不知该何去何从，自我价值感也非常低。

在读书分享的过程中,她拿到的第六章"欣赏创造价值"讲述了42岁的离异全职主妇奥黛莉,从"我没有任何价值"到最后成功地开创了自己的事业,用支离破碎的生活创造了一个杰作的故事。这个故事很显然给了她很大的触动。

女儿在分享时,一开始声音很小、语速很慢,以至于我都开始担心她讲不下去。然而,她慢慢变得坚定,跟着主人公的故事,状态一点点提升,声音变大、变坚定,最后做完了分享,让在场所有人看到了一个生命从脆弱到绽放的全过程。

这个过程是痛苦的,而在讲述完的那一刻,她重获了勇气和能量,甚至是生命的喜悦。那一刻,我哭了,我的内心与她产生了共鸣,我完全理解了她。这之后,我明显感觉到女儿脸上出现了笑意,内心逐渐敞开。作为母亲,我从她假期回来就开始悬着的心才终于放下。

这就是读书会用它强大的输出强化功能,通过让参与者现场分享读书体会的方式,让改变发生在现场的真实案例,也是见自己、看到无限可能的过程。

一年前,当别人分享自己的担忧和恐惧时,我无感,还声称"我内心无畏惧"。今天,我想说的是,我内心充满恐惧,那是因为我有能力感知幸福和快乐,所以对痛苦也更加敏感了,我的内心变得更加柔软。

不久前,身在远方的大宝给我留言:"妈妈,我想你了。"以前,我会觉得很骄傲,觉得我的孩子依恋我;现在,我会感知到,她或许感到无助,而我可以给她一个隔空的拥抱。

见自己就是看到自己内心的偏见和固执,同时也发现自己的特长、天赋和使命,从而展示生命更美好的一面。当我深刻地理解我和世界、我和他人以及我和自己的关系时，我反而更知道自己是谁，知道如何荐自己。

现在的我，正投身于充满热情的生活，而关于我和读书会的故事，后面还将继续，也欢迎你一起参加，和我一起创造更多的可能。

> 不管做得怎么样，只要敢于输出，就会有反馈。即便结果并不完美，也能为我指明下一步改进的方向。

读书会创始人

从走出来到站上台——我和读书会的故事

■ 镜洁

律师
认证翻转师
DISC 授权讲师

与读书会结缘

打小我就是一个性格比较内向的人,喜欢一个人安静地读书。每当爸爸出差,我总是让他买书回来当作礼物。上学以后,我不太会和同学打成一片,阅读语文书就是我打发课间休息时间的最好选择。让我最惊喜的是,语文书后面竟然还附有拓展阅读文章,那些精彩的故事和细致的描写让我沉浸其中,总是忍不住一遍遍地细细品味,读书成了我课间最大的享受。

离开学校后,我明明心里记挂着读书这件事,但总是找不到时间,也静不下心来。我独自一人应付着日常生计,不是忙着找工作,就是忙着寻觅人生伴侣。直到五年后,我终于解决了人生的诸多必答题。

当我再次回到书桌前,还是因为自己怀孕了,当一个好妈妈是我当下唯一的目标。为了达成心愿,我甚至还在图书馆办了一张借书卡。孩子出生后,生活一下就陷入一地鸡毛的境地,再也没有时间读书了。日子从奶粉、尿布流转到作业本、辅导班,终于孩子步入青春期,面对她时不时对我关闭的房门,我陷入了前所未有的无助。为了寻求解决办法,我再次求助于书籍。

可单纯的读书依然无法解决我的实际问题,书上的道理都懂,就是不会用,毕竟从理论到实际仍有一定的距离。在迷茫中,青春期家长共读会成了我当时的救命稻草。经过《非暴力沟通》《父母的觉醒》《不管教的勇气》《正面管教》等十几本书的共读、讨论和实践,花费了近半年的时间,我家宝贝儿的房门终于打开了。家里逐渐热闹起来,我和孩子有了正常的沟通后,我们的生活终于重新步入了正轨。

有了这次成功的学习经验，我对知识充满了渴望。 只要时间允许，读书会的活动我必参加。我敬仰台上的老师，心中暗自羡慕他们能侃侃而谈。

心动不如行动

随着参加读书会的次数增多，我在读书的时候也有了一些自己的思考和见解。当我读到《费曼学习法》时，我被书中精辟的语言和实用的技巧吸引，读书的目的在于应用，教才是最好的学，我为什么不将这些宝贵知识分享出去呢？**想到这里，我心中涌起一股强烈的渴望，想要站在讲台上，通过我的解读，将这本书的精髓传播给更多人，举办一场属于自己的读书会。**

对我来说，走上讲台非常具有挑战性。平时的我说话声音都很小，喜欢躲在大家身后，不愿被人关注。现在要走到众人面前，想想就会让我紧张得手心出汗。两个自我在内心不停地纠结和挣扎，一个要活出自我，一个要安于现状。对于即将走到人生下半场的我，选择不留遗憾应该更重要吧，那个勇敢的我最终战胜了懦弱的我。

一个月后，我终于推开了翻转师课堂的大门，成为一名翻转师学员。在这里，我和伙伴们一起学习如何将一本书翻转为一堂课，《费曼学习法》自然就成了我翻转的第一本书。为期两天的周末翻转课堂，每天八小时的学习强度，整整二十页的笔记，我沉浸在课堂中，和老师、同学一起学习、演练和复盘。在学习中，我秉持《费曼学习法》输出倒逼输入的理念，主动思考、输出和总结。不管做得怎么样，只要敢于输出，就会有反馈。即便结果并不完美，也能为我指明下一步改进的方向。

站上讲台

结业那天终于到了,我带着些许焦虑和不安,准备走上梦寐以求的讲台。然而,当我等待上台的时候,心里不断问自己,这就是我一直想要的感觉吗?被台下的人审视着、挑剔着,成为众人的焦点,我又一次受到了那个懦弱的我的困扰。

没有时间想那么多了,我的大脑一片空白。听到主持人念我的名字后,我赶紧强装镇定地走上舞台,颤抖着拿起麦克风,脸上挤出僵硬的笑容,用微微发抖的声音开始了人生第一次讲课。虽然在之前的学习中,老师也会经常让我们上台发言,但这次面对这么多陌生的面孔,万一我讲得不好怎么办?不仅成为别人眼中的笑话,也会让孩子看不起我吧。那个懦弱的我,总是在关键时刻跳出来提醒我不行,让我放弃。想到这里,我竟然真的有点后悔了。

自己选的路只能自己走,我深吸一口气后走上讲台,开始自我介绍。由于实在太紧张,准备的很多内容都忘记了,我只能语无伦次地临时拼凑了一些语句。正式进入 PPT 演示环节后,屏幕上有了内容提示,我那因为紧张而飘走的思路渐渐回来了。

因为讲授的是学习方法,作为话题的引入,我将日常生活中使用的学习方式作为问题,开始了互动热场。然而,提问不够明确,关于"什么是学习"的问题,我没有给出例子或解释就开始提问,听众不知道如何作答。为了避免尴尬和冷场,我指定了一位学员回答,她只能尴尬地说了一句"好好学习,天天向上",我也只好自说自话地回复对方说得对,我们上学时都是听着这句耳熟能详的话长大的。那么,什么样的学习才是高效的呢?接着,我引入了费曼学习法的介绍,讲述了斯科特·杨如何在一年时间内学完了原本应该四年才能学完的内容，并顺利考入麻省理工学院的故事。这个不可思议的故事激发了听众对本书的学习热情，也证明了正确的学习方法才是成功的关键。

接下来，为了方便后续介绍，我将提前列举出各种学习方法，供大家探讨哪些学习方法会让人感到疲惫。为了活跃气氛，我向听众提问：你们是否会有睡不着的时候，大家猜猜我在睡不着的时候会使用什么催眠神器呢？这次的提问内容明确且和生活息息相关，激发了听众的好奇心，气氛开始活跃起来。不仅观众主动回答，评委竟然也参与进来抢答。这样热烈的气氛让我找到了感觉，情绪一下被调动起来，原来良好的互动会让人感觉这么好。有了大家的参与，我也逐渐放松下来。**有效互动不仅让学习变得有趣，还能让站在讲台上的我更加有激情**。

我公布樊登讲书是我的催眠神器后，听众不禁诧异，樊登老师精彩的讲述为什么会起到催眠的作用呢？为了让课程更加有趣，我忽然灵机一动，将这个问题的答案作为伏笔，在后面讲述关于主动学习和被动学习的内容时再揭晓。让听众带着问题去听，调动大脑主动参与学习，通过思考寻找答案，这不就是我下面要提到的主动学习的运用吗？意识到这点，在讲述过程中，我时不时抛出问题，引导听众进入下一个环节。半小时的个人展示时间过得飞快，我感觉意犹未尽。

这次毕业展示，我将准备的内容顺利讲完，而且还找到了和观众互动的愉悦感觉。我感受到来自台下观众热情的眼神回应，也感受到自己情绪由紧张到放松的变化。从讲台上下来，尽管我的身体还因为紧张和兴奋而颤抖，但是内心十分满足。原来，讲课竟如此激动人心。最终，我以得票第一的成绩取得了个人比赛冠军，顺利地获得了翻转师证书。

读书会的复盘

如今,我已经举办了大大小小十余次读书会。尽管积累的经验不多,还有很多地方需要改进,但我一直没有停下探索的脚步。

回顾自己举办读书会的这段经历,我的经验就是,想要讲好一本书,不仅要提炼书中的知识并进行讲述,还应包括构思和设计,而设计工作在发布海报前就已经开始了。

在读书会开始之前,我会进行调查,例如在宣传海报中加入测试问卷或阅读材料,一方面可以提前了解参会人数和听众的需求,另一方面便于听众熟悉内容。读书会现场最好准备一些纸和笔,方便听众思考和互动,以及最后的成果展示。不要小看这些纸和笔,它们可是提升听众体验感的好帮手,也是读书会使用最多的小工具。确定参会人数后,初步制定讲授计划。如果参加人数在十人以下,可以采取听众和讲授者一对一分享的形式;如果人数在十人以上,可以划分小组,以小组为单位进行讨论和互动,注意要照顾到每个人。

读书会的 PPT 不一定要做得多么精美,重要的是如何讲出来,核心内容可以有所侧重,但是不能遗漏。否则,一场读书会不能让听众了解书中精华,会让人觉得没有收获。每个知识点用时也不能太长,以 15—20 分钟为宜,时间太长会让人感觉疲惫,时间太短又无法讲明白。

在分享过程中,每个环节的衔接要流畅,每小节之间要自然过渡,最好能够环环相扣。上一个环节结束时,自然带出下一个环节的内容,或者将下一环节作为上一环节问题的答案。让听众一步步跟着你的节奏走,不知不觉地就完成一次又一次的输出和输入。为了增加亲切感和感染力,可以引用自己身边的小故事作为过渡,自然而然地引出下一个问题,让下一个环节的开启变得顺理成章。

最后,也是最重要的环节,要提高听众的参与度。每个小环节要有互动或讨论,老师更多是作为引领者,讲得越少,让听众多参与,反而效果越好。听众在不断的输出中,才能获得更好的体验、感受和学习效果。简单易行的游戏和小组成员之间观点的碰撞,往往会让听众恍然大悟。通过问答引发思考,让听众在互动中增加体验。

对了,我还有一个小技巧,那就是多问启发式问题,而不是直接给答案。让听众绞尽脑汁地寻找答案,他们会更加期待你将要讲出来的答案。**老师曾说,学习的最高境界就是意犹未尽**。在翻转课堂中,大家会获得淋漓尽致的体验。

写在最后

我深知,自己所翻转的每本书都有需要完善的地方,举办的每场读书会都留有遗憾。**而我会在这条路上继续前行,我将让自己成为那个引路者和知识的传播者。路漫漫其修远兮,吾将上下而求索**。

> 不管是做培训还是经营读书会，关注市场主要客户群体的需求都是非常重要的。

读书会创始人

用培训拓展的方式提升参与感

■ 刘钰

10 余年培训工作者、培训讲师
DISC 线下工作坊授权讲师
OH 卡国际引导师
健身小达人
脱口秀新人

大家好，我是刘钰，一个在天津这座城市度过了十年培训生涯的天津人。在这个城市，我们曾尝试在企业内训过程中创立和经营读书会。然而，这个过程犹如白驹过隙，短暂且令人惋惜。在做培训工作的时候，我就发现员工积极主动学习的意愿并不是很高，培训计划往往源于公司的安排和要求，大家来参加培训的积极性不高，因此很多公司会选择拓展训练这种形式。拓展训练作为群体性活动，参与性会大幅度提升，各队/组的代表在每个项目结束后进行总结，强调培训的目的与主题。这种模式后来也被简称为拓训。

这个时期的我，不论是出于工作要求，在企业中做读书会，还是自己在生活中组织读书会，都失败了。除了自身组织、执行和坚持力不足外，我对于培训、读书会的定位和本质存在误解。至少在那个阶段，我认为给人带来成长、知识的学习或者分享会，内容是最重要的，没有过硬的内容输出是没有办法进行这类活动的。也正是这样的想法，让我在培训道路上遇到了瓶颈。

真正让我改变和突破的还是认知。在我需要突破的时候，培训工作的领路人给了我一些指导。他们说如果内容（培训课程）是产品，客户便是学员，那产品和客户谁更重要呢？**产品是重要的，但是没有客户的产品是没有存在价值的**。**产品本身不仅要关注内容，还要关注客户的体验和收获**。这也是培训工作进阶的阶段。这种观念在十年前还是很超前的。当时，培训工作更多只是企业的硬性要求。后来，我接触到更多培训行业的伙伴，大家开始把培训当作产品，推向市场。产品、客户、客户体验和客户收获等概念才更广泛地传播开来。至少在我的认知里，这些观念后来才开始普及。

2024年伊始，我开始向外生长，寻找更多学习和成长的机会。我希望大家能够在享受我带来的产品的同时，能有更多的收获。在确认内容准备充分的前提下,我更多地关注客户的体验与感受,同时也设计了更多互动式体验培训,将一些拓展游戏和活动融入培训中,以游戏体验的形式强化重要知识点。例如,闭合式提问和开放式提问在日常工作中的用途是不一样的,前者用来确认信息,后者用来收集信息。我设计了简单的游戏,如《猜猜我是谁》,来展示闭合式提问,并将一对一沟通中除闭合式提问外的其他内容归结为开放式提问,用《谁是卧底》这个游戏进行展示。通过这些游戏,学员能更好地理解和掌握提问技巧。为了保证学员掌握内容,我会提供一些信息,让大家进行角色扮演,将两种提问方式运用到日常工作中,确保学员学而可用,有所收获。

最近,我有幸结识了小六老师。我在拆书帮北京城市之光分舵组织的一次成长大会上听了小六老师的分享。他举办读书会,将场地选在虎门炮台旧址,讲鸦片战争;禅修活动则将场地选在了寺庙。这让我深受震撼。**在我关注形式和结果的时候,优秀的读书会都开始关注视觉和场域了,在提升了参与度和体验的同时,还增加了实地经历。**

在这之后,我参加了很多读书会及活动,不断丰富自己的学习经历。后来,我学习了小六老师的读书会创始人课程。课程中对读书会、讲师和培训师的诠释,以及读书会的分类让我有了新的认识。例如,共创型读书会与培训中的工作坊形式颇有异曲同工之妙。以一本书为主题举办读书会,和以一项内容为主题进行培训分享,很像孪生兄弟。当两者都关注收获和成长时,我们何必准确区分读书会和培训呢?

借此机会,我想分享一个我为一家企业设计的类似读书会的室内拓展培训案例。

团队人数:10人。

表面问题：目标感差，不团结，没有竞争意识。

深度问题：团队成员年轻，对学习和培训有一定的抵触情绪。

可用时间：每周六下午 14：00—17：30（共四期）。

方案主题：①目标的制定和拆解；②客户的开发；③构建销售网络；④打造个人影响圈。

具体分析如下。

目标的制定和拆解

通过拓展狭路相逢项目挑战全体成员，利用年轻人的胜负欲，分享情绪 ABC 理论，激发挑战欲望。同时，关注团队成员完成项目的情况。分组后选组长，进行项目"急速 60 秒"，分享执行过程中的问题和差距。教导成员如何制定目标、细化目标，并将目标拆解至每日行动计划。作业为制定个人提升（或爱好）的双周计划，按完成人数占比判定获胜组别。

客户的开发

复盘双周计划完成情况，鼓励成员只要启动就是进步，奖励全员以拉近关系，获得信任感。分组进行项目"超音速"，探讨团队协作的意义。分享销售的本质，强调产品和客户的关系。组织头脑风暴，探讨客户来源。通过项目"盗梦空间"，明确个人见解，分析与他人判断的差别，进而探讨沟通与聊天的区别，强化销售中的提问技巧，引入封闭式提问和开放式提问。作业为按照头脑风暴法归纳的内容，制定双周工作目标，只细化到增长的工作内容，按照完成比例为各组加分。

构建销售网络

复盘工作目标,确保有人跟进结果(安排组长负责),并在遇到困难时寻求帮助。对项目目标进行细化,确保日度的工作内容明确,个人对结果进行总结和反思。通过项目"解手环"增进整体团队协作和信任;利用 OH 卡了解彼此眼中的自己,促进感情交流。项目"穿越雷阵",勇于尝试,让成员明白所有的试错都是成功的资本,并培养对待事情的专注度。回顾 SMART 原则,分析上次作业的制定问题。寻找问题所在并进行更正;通过项目"转移废水",不断尝试团队协作,扩展 SMART 原则,引入 PDCA。在上个项目失败后的复盘和改进中,不断优化工作流程。对上次作业的工作目标进行拆解和修正,将其作为本次作业的参考。细化至自己擅长的领域,明确日度工作内容,制定单项产出目标及修正预案。**赋予团队成员对目标及计划的修正权利一次,确保有效沟通。**

打造个人影响圈

复盘作业完成情况,邀请优秀伙伴分享经验,探讨团队合作情况。通过项目"不到深林",提升专注力和团队协作,强调坚持和反复尝试;项目"神笔马良"关注团队协作,允许个体犯错,避免盲目指挥带来的效率问题,通过约束个人行为以确保团队目标的实现;分享个人朋友圈与个人影响力的建立方法,持续打造和提升自己,强调影响圈的大小,突出进步和坚持;项目"穿越电网"关注团队协作,合理分配任务,明确每个人的分工,各司其职,以追求团队获胜;利用 OH 卡了解现在的自己、理想中的自己，在强调个体成长的同时，注重团队协作，追求共赢；项目"风雨人生路"让成员面对蒙眼挑战的恐惧与紧张，成员在伙伴的搀扶下共同前行，携手共进，对一路成长的经历进行反思，培养感恩之心；最后分发纪念品，留下寄语。

整个培训历时两个月，我很明显地看到了大家的改变。公司调整考核模式，激发竞争意识，制定淘汰机制进一步提升大家的积极性。我希望大家能在整个过程中有愉快的体验，并且能够有所收获。面对"95 后"甚至"00 后"的伙伴，我们需要关注他们的需求，因为他们代表着未来市场的走向。不管是做培训还是经营读书会，关注市场主要客户群体的需求都是非常重要的。

拓展活动丰富多样，如开场破冰游戏（大风吹、5 毛 1 块、抢椅子、大树和小松鼠、按摩操等），这些游戏都可以迅速调动现场气氛。更多不同的游戏都可以根据主题来调整，在总结时予以升华。哪怕只是简单的游戏或老游戏的改进，都可以提高大家的参与感。内容和形式并无定式，我也曾参加过剧本杀形式的读书分享，也是十分有参与感的，并就书中给出的观点进行辩论，赢得选票，推进故事进程。

其实读书会或培训的本质是汇聚热爱学习、追求进步的伙伴，正所谓"独行难，众行远"，形式只是我们维系和推进前行的手段，也希望越来越多的伙伴与我们携手前行，共同策划更多优质的分享活动，相互学习，共同成长。

读书会创始人

坚持读书打卡给我带来的最大收获是：学习改变认知，认知改变行为，用知识武装大脑，时刻觉察、反观、约束自己的行为和言语。

读书会对我人生的影响

■ 韦满梅

信托规划师
心理教育咨询师
青少年职业生涯规划培训师
DISC 工作坊授权讲师

我"生病"了

我住在广州。2022年底,广州的新冠肺炎疫情反扑很严重,大家的日常问候已经变为:"今天做了几次核酸检测?"枯燥与无奈,充斥着整个城市。焦虑、灰暗、寂静、消沉是那个时候大多数人生活的基调,我们从惶恐不安逐渐变得麻木和适应。疫情三年,让我深刻体会到孤独无助的人生境遇。

随着疫情反弹,广州各个地区的学校逐步实行居家隔离、线上授课,我儿子是最早线上学习的那批小学生之一。相信家长们都有过一种"开学即放假"的感觉,随之而来的便是我们的活动范围缩小到几十平方米的家中。我逐渐对生活感到失望,看不到尽头,也看不到希望。也许是压抑太久了,我的世界失去了色彩,也没了勇气,所见所闻都让我心生厌恶。我变得容易挑剔,很难开心,经常将不满情绪发泄在儿子身上。也是在那个时候,我们发生和经历了有史以来最大的冲突和考验。我的情绪失控,变得易怒、暴躁和喜怒无常,生活逐渐被阴霾笼罩。

读书会的雏形

人生就像一幢建筑,由一个又一个的选择搭建而成。这些选择可能充满阳光,也可能是灰暗消极的。 我在至暗时刻,接触了海峰老师和DISC社群的伍颖仪学姐(她后来成了我的职业生涯规划导师和心理辅导老师)。我向学姐倾诉自己的困境后,学姐运用DISC性格测试为我进行了深入解读,并陪伴我完成心理疏导过程。大概过了半个月,我终于看到了生活的那一束光,内心的阴霾也慢慢消散。从此,我迷上了DISC的科学力量，认真学习DISC这个工具，努力调整自己的思维模式、表达方式和行为习惯。**我意识到，所有与我有关的矛盾都是由我过去的行为模式所造成的，我要重造自己，重拾信心去拥抱世界。痛苦，使我成长。**

学姐为了让我拥有更稳定的情绪内核来对抗内心的"小我"，她教我举办自己的读书会。通过坚持读书、抄写，我可以获取智慧，量变引发质变，才会在关键时刻获得顿悟。于是，我开始阅读国学文化、心理学和灵性成长类的书籍。我一边学习、写读书笔记，一边输出、践行和复盘。大约又过了一个月，我的心态开始发生转变，不再那么消极，和儿子的关系也缓和了，我不再莫名其妙地歇斯底里，儿子似乎也不再抵触我的建议，愿意与我沟通。我总结这一变化为：**通过学习，自我成长，从而影响身边的人。我的成长蜕变，从线上读书会开始。**

当时，我建了两个线上读书群，成人组取名为"自我成长读书会"，儿童组名为"睡前读书会"。我想和孩子成为"读书盟友"，正如海峰老师所言："一起同过窗、扛过枪，才算真正的盟友。"我们的读书群吸引了越来越多的妈妈和孩子们的加入。在居家隔离的那段时间，大家都自发地在线上积极朗读打卡，仿佛大家都用这种方式来证明自己的改变和进步。坚持读书打卡给我带来的最大收获是：学习改变认知，认知改变行为，用知识武装大脑，时刻觉察、反观、约束自己的行为和言语。其他伙伴也给予了积极正面的反馈，一致认为坚持读书可以获得内在的平静和喜悦。一群人在线上做同一件事情，让原本枯燥无味的居家生活多了一丝丝乐趣和寄托。**也许，属于我们的"共律"时代即将到来，抱团取暖可以让我们走得更远，那就让我们互为贵人，一起积极向上吧**！

举办读书会

2023 年初,终于迎来了激动人心的解封,我们自由了!回顾线上读书群,不知不觉间,我们已经走过一年。到目前为止,线上参与读书的人数已经从开始的 3 人增加到 33 人。解封之后,广州的大街小巷恢复了昔日车水马龙、生机勃勃的景象。我决定将书友们的线上友谊延伸到线下,举办线下读书见面会,纪念那些艰难的时刻,见证我们这群"熟悉的陌生人"如何在特殊时期相互支持、传递善言。

2023 年 7 月 29 日,一场小型的以"女性自我成长"为主题的成人线下读书见面会终于成功举办。在活动中,我们举行了一个简单而隆重的表彰仪式,用以表彰读书群中表现卓越的读书标杆,因为她们用毅力和坚持提升了整个群的活跃度,润物细无声地滋养着大家。每当自己感到沮丧时,打开书友们的读书音频,都会被深深地感动着:虽然我并不认识你,但因为你的鼓励,我又一次选择坚强。

前来参与读书会的书友会自带一本自己喜欢的、符合主题的书,自我介绍之后,便分享自己的读书心得。在舒适、安静的环境中,大家真诚地敞开心扉,诉说着自己在家庭、社会中的角色,包括成功经验以及失败、辛酸和痛楚的经历。此时此刻,你懂我的艰辛,我也懂你的不易。其中,不乏书友坦诚,自从坚持学习之后,他们的人际关系得到很大改善,和家人相处得更加融洽了,矛盾少了,心情愉悦,言行举止变得更加温柔而有力量,生活态度也更加积极向上。如果我没有通过读书和学习改变自己,我想我依然是那种习惯性否定、批判和质疑而不自知的人;如果我没有学习 DISC,我看不到自己的盲点,也无法理解他人,更不知道如何包容、接纳身边的人和事。在这里,我看到"每个人的心都是血淋淋的,只是他愿不愿意掰开给你看而已",一群人通过读书打开自己所带来的影响力不容小觑。

继成功举办成人读书会后,我还组织了一次儿童专场读书会。活动场地和设计环节与成人版稍有不同,为了给小伙伴们打造极具尊重感的场域,除了我作为主持人之外,现场没有邀请成人参与。经过一轮脑筋急转弯抢答的预热游戏之后,小伙伴们不再拘谨,很自然地过渡到自我介绍并分享阅读体验。活动中,我多次运用了DISC课堂上的安静手势和大家互动,一起管理课堂纪律。很快,大家便进入状态,活动顺利进行。

在以"电子产品对我们的影响"为主题的读书会的讨论环节,孩子们坦诚地分享了现实生活中自己沉迷游戏时的感受。在讨论过程中,我看到一群被鼓励后充满自信、天真的孩子,教育的意义不就是要激发学生绽放出灿烂的生命力吗?尽管现场一度出现两极对立的观点,但争辩过程是激烈而有趣的。活动最后,我让每个孩子说出一句感恩的话来表达自己的感激之情:

"感谢妈妈把我带到这个世界,让我看到很多美好的事情。"

"感谢爷爷奶奶一直照顾我,任劳任怨……"

满满的感动,满满的惊喜,满满的收获。

为什么要坚持办读书会?

一个人可以走得很快,但一群人可以走得更远。两次成功的线下读书会活动给了我很多宝贵的经验和更深刻的思考。学习DISC让我的人际关系得到很大的提升,也让我深刻感受到影响力的重要性。如果只是一个人感到幸福,那这种幸福感恐怕会稍纵即逝;如果通过我的努力让更多的人从此获得幸福感,那才是真正实现**"我好,你好,社会好"**的三赢理念。

读书会的收获

持续学习使我认识到：最有效的学习方式是输出！成长最快的途径是寻找方法和加入组织。读书会就是我们成长的大本营，在这里，我有如下收获。

①**增强输出能力**。输出过程就是刻意训练表达能力和逻辑思维，不断提高自己思考的深度和广度。

②**让学习和思考成为一种习惯**。读书时间的长短不重要，坚持学习才是关键。我们永远不要小看聚沙成塔的力量，一旦养成这种习惯，将持续稳定地提升自己。久而久之，你可以超越很多人。

③**锻炼个人社交能力**。无处不社交，举办读书会让我不再只是一个参与者，而是组织、策划者。举办一场读书会，就是考验个人的社交软实力。

④**听别人的故事，长自己的见识**。读书会也是一个社交圈，书友们来自各行各业，每次交流就是互换不同领域的认知，会碰撞出异样火花。

总结

世界的发展变化及信息更新迭代的速度远远超出我们的想象，如果我们仍然沉浸在刷短视频这种短平快的生活方式中，难免在浪潮退去后被淘汰。知先于行，行重于知；认知要早于行动，但行动比认知更重要。**何不和优秀的人在一起，让自己变得优秀，然后再一起变得更优秀呢**？

> 对我来说，读书会就是我坚持阅读的动力。和一群志同道合的人共同进步是一种美好的成长方式。搭建这样一个平台，是我一直想要做的事。

读书会创始人

从抗拒阅读到爱上阅读，读书会改变了我的人生

■ 尤美军

社会组织成长陪跑师
知行读书会创始人
DISC 工作坊授权讲师

你是否也有这样的经历？只要一拿起书，瞌睡虫就会来找你，仿佛书本具有催眠效果。我就是这样一个只要一拿起书本，没看几页就能进入梦乡的人。正是由于从小就没有养成阅读的习惯，我今后的学习、生活和工作多了很多的困扰。

我是一个农村女孩，父母都是普通的农民，母亲没有上过学，父亲也只是小学毕业。他们无法教我阅读，小学的时候，我都是通过默写老师给的范文来应付作文考试。

记得我上初一的时候，实习老师带我们去春游后，指定几个同学写作文，我是其中之一。到了交作业的时间，我还是一个字没写，不知道从何下笔，就以各种理由搪塞了过去，最终老师也没再找我索要作文。从那以后，我对写作文更是能推就推，能不交就不交，对写作有了一种深深的抗拒感。

然而，缺少阅读给我的学习带来了很大的困扰。不仅语文成绩不佳，其他学科成绩也起伏不定。逃避写作使我丧失了迎难而上的精神，遇到难题就直接放弃。最终，我早早地就结束了学习生涯，没能上大学成了我最大的遗憾。

在我成年之后，阅读难题仍然困扰着我。因为自身缺乏阅读，对孩子的教育也是一知半解。随着孩子的成长，和孩子的沟通也成了问题。我的认知水平直接影响了孩子的成长，很多时候不但帮不上孩子，反而还起了反作用，错误的教育方式给孩子带来了极大的困扰。

由于阅读不足，我在事业发展上也遇到了诸多限制。在工作中，由于缺少阅读，我在专业技能提升和人员管理上感到力不从心。这直接影响了工作成效和机构发展。

在这个过程中，我也尝试过各种方法让自己开始阅读。我去图书馆借书，也买过好多书，但借回来的书常常原封不动地还回去了，买回来的书最后也都成了家里的摆设。当我越是认识到自己应该读很多书，但是又无法完成时，我越是会感到焦虑。

一次偶然的机会，我看到了小六老师的《让未来现在就来》这本书，书里讲到了时间管理、快速阅读、主题阅读以及阅读训练等。当时的我对书里的内容有很多的感触，也暗自下定决心要开始好好阅读，改变自己，但可惜的是，虽然我把口号写下来了，甚至还贴到了墙上，最终还是没有付诸行动。

就这样，如此重复，一晃人生就到了知天命的阶段。那我的一生就这样了吗？真的就让阅读成为我成长路上的绊脚石了吗？让我的生活和事业一直停留在平庸的境地吗？对于高D特质的我来说，这答案显然让我不甘心。

当我再次遇上小六老师时，他正在讲读书会创始人这门课，我毫不犹豫地买下了课程。我想这次一定要正式地开启我的阅读之旅，因为留给我的时间不多了，再不努力就没有机会了。

听了小六老师的课，我开始认真地计划我的读书会，包括选场地、选书、设计海报、招募成员、宣传等，这些筹备工作都需要我通过阅读来找到解决方案，于是我又开始了我的阅读之旅，这次我是用举办读书会的方式倒逼自己。

阅读首先要选对方法，小六老师的洋葱阅读法提高了阅读效果。阅读也是一项技能，需要不断练习才能掌握。当你没有正确的方法时，你的努力可能难以取得理想效果，也是你坚持不下去的原因。

同时，你还需要有一定的热情和动力。对我来说，读书会就是我坚持阅读的动力。和一群志同道合的人共同进步是一种美好的成长方式。搭建这样一个平台，是我一直想要做的事。

一个人是走不远的，一群人才能走得更远。在团队的帮助下，我取得了今天的成果，感谢所有帮助过我的老师，是你们让我成功地跨出了第一步。我相信，在这个基础上，未来一定会更好。

只有不断努力和坚持，我们才能够实现自己的梦想和目标。如果你也和我一样，有着同样的困扰，那么让我们一起开始吧！只要有行动、方法、热情、动力和团队支持，持之以恒，什么时候开始都不晚。**相信自己是一个无尽的宝藏，只要用心发掘，就一定能创造出属于自己的精彩人生。**

在当今信息爆炸的时代,我们总会尝试寻找各种新颖高效的方法来策划各种活动,而 ChatGPT 作为一个强大的语言模型,可以通过多轮对话来帮助我们一起策划各种好玩、有趣的读书会。

ChatGPT——读书会策划小助手

■ 甘祖玲

读书会创始人

DISC+讲师认证项目 R5 期毕业生
AACTP(美国培训认证协会)国际认证行动学习促动师
团队画布和个人画布认证讲师

最近，我发现读书会创新变得越来越难了，每次写策划方案都会感到头疼：读哪些书？为什么要读这些书？读书会能够帮助读者解决什么痛点问题？如何设计流程，让大家在读书会中有更好的参与和体验感？如何评价读书会的策划方案成功与否？

在这个过程中，突然一个奇怪的想法从我的脑海里冒了出来：**为什么读书会的策划方案非要我自己写呢**？

于是，我想到了 ChatGPT，这是由 OpenAI 创造的大型语言模型，俗称"聊天机器人"。它通过学习互联网海量数据，获得了丰富的知识，能够与我们聊各种各样的话题，帮助我们完成许多任务。

接下来，我将与你分享如何与 ChatGPT 一起策划一场好玩、有趣的读书会。

与 ChatGPT 对话：先来角色扮演？

当我们给 ChatGPT 赋予不同角色时，它能够从赋予的角色视角给予我们灵感。例如，我希望它可以扮演专业人士，与我一起完成读书会的策划。另外，我们需要先确认标准的读书会策划方案框架，确保理解是一致的，之后再通过多轮对话优化读书会的流程。

于是，有了我与 ChatGPT 的第一轮对话：

（1）我的提问

"Hi，现在你将扮演一个高级活动策划经理，你非常擅长策划各种读书会。请你参考以往成功的读书会经验，写一个标准版的读书会策划方案框架。这个框架能够确保我没有遗漏读书会的重要环节，并且能够让接下来的设计更加顺利。"

(2) ChatGPT 的回答

"当然！基于以往成功的读书会经验，我将为你提供一个详细的标准版读书会策划方案框架。

以下是一个包含常见要素的例子。

①主题：描述读书会的主题或议题。

②目标受众：定义参加读书会的目标受众群体。

③时间和地点：确定读书会的日期、时间和地点。

④活动流程：规划读书会的活动流程，包括开场致辞、讨论环节、互动活动等。

⑤书籍选择：选择一本与主题相关的书。

⑥主持人：负责引导讨论、分享见解和背景知识。

⑦宣传和推广：使用社交媒体、网站、海报等方式宣传读书会信息。

⑧参与者互动：鼓励参与者积极参与讨论和交流，例如小组讨论、问答环节。

⑨资源准备：准备读书会所需资源，如音响设备、投影仪、书籍副本等。

⑩反馈和评估：收集参与者反馈意见，评估活动效果，用于改进策划方案。

请注意，这个框架只是一个指导性的示例，你可以根据具体需求进行调整和扩展。在策划过程中，可以进一步细化每个部分，并添加其他需要考虑的要素，如预算管理、合作伙伴关系等。**通过使用这个框架，你能够确保全面考虑到读书会的各个方面，从而使接下来的设计和策划工作更加顺利和高效。**

看到这里，相信你已经感受到了 ChatGPT 的魅力啦！ChatGPT

类似于一个智囊团，可以一步步地告诉你应该怎样写，并且可以瞬间生成你要的内容，让你获得无穷无尽的灵感。

但"喂"到嘴边的内容与真实的需求之间还是有差距，因为有时候 ChatGPT 也会一本正经地胡说八道，过于依赖工具会丧失独立思考能力。另外，这个工具本身有个"遇强则强"的特点，一方面它非常依赖我们给出的"问题"和"输入"，另一方面我们需要与 ChatGPT 进行多轮对话来得到我们想要的内容，并最终选择最合适的方案进行实践。

与 ChatGPT 对话：活动流程如何设计？

我做读书会的初衷是希望建立一个交流学习的平台，一群人形成读书学习的氛围，帮助每一个入会的小伙伴有更好的视野扩展和能力成长。

因此，相比单向的读书会交流形式，我希望每个成员的声音和想法在现场都能够被听见和理解，最好是能够有一些观点的碰撞，从而激发大家的思考。这就需要在活动的设计上有更多的巧思，那么如何通过流程设计和互动来达到我的目的呢？

我把我的想法和初衷分享给了 ChatGPT，但是它的回复太长了，所以我明确地表达了希望它能给出简短的回答，并按照推荐值做好排序，一起来看看它的答案吧！

ChatGPT 的回答：

以下是通过流程设计和互动来确保每个成员的声音和想法被听见和理解，并激发观点碰撞和思考的方法，按推荐值排序。

小组讨论：将成员分成小组进行讨论，鼓励分享观点和想法。

观点对抗：安排辩论式环节，让成员就争议性话题展开辩论，激发观点碰撞。

问答环节：设立问题答疑环节，让成员提问并得到回答。

思维导图：使用思维导图工具，让成员协作绘制主题思维导图，促进思考和合作。

投票和排名：引入投票或排名机制，让成员表达对某个观点的支持或偏好。

反馈环节：设置反馈环节，让成员表达对其他观点的理解和欣赏，加强沟通。

这些方法将有助于创造一个积极的学习和交流氛围，确保每个成员的参与和贡献被充分尊重。

接下来，我们可以基于ChatGPT的回答继续提很多细节性的问题。比如，为什么你认为小组讨论的推荐值更高？目前有哪些公司或者机构在用你推荐的这些方法？它们的实践效果如何？如果我要用其中的某个方法，具体应该如何展开？

在这一轮一轮的对话中，我对策划流程和方法有了更详细的认知和理解，也进一步了解了为了达到目标，具体应该如何去策划和执行。

与ChatGPT对话：我们读什么书？

组织读书会除了要知道怎么设计流程，还需要确认该读什么书。这个问题当然也可以问ChatGPT，例如，如何确认读书会的书单？如何保证某本书符合大家的需求并确保参与度？

虽然它提供了很多方式，但是我可能更倾向于在线下直接与参与者通过面对面访谈的形式来确认。因为互动的过程能够让我获取到更多非正式渠道所能得到的信息，如与参与者破冰，建立信任，了解大家的兴趣和倾向，对大家感兴趣的话题做初步的交流和讨论。

或者说这个阶段我可能更感兴趣的是问ChatGPT，在与读书会参与者线下交流时，我如何与大家建立联结，以获取更多能够帮助我策划好读书会的信息？

我得到了两个在线下与读书会参与者互动很有效的问题。

①**你是否有自己喜欢的书或者对某本书的观点有特别深的体会？**（目的：如果对某本书的观点念念不忘，说明这本书有更多拓展阅读的空间。）

②**如果读书会围绕这本书展开，你是否有兴趣在读书会中扮演一个特定的角色或者负责某项任务？**（目的：二次验证这本书的价值度，另外增加参与感和促进团队合作。）

另外，我们也可以直接收集大家的问题，如个人成长、职业发展、财富积累等，将问题抛给ChatGPT，让它为我们推荐书单和推送推荐理由。

与ChatGPT对话：如何彩排读书会？

彩排读书会能够帮助我们熟悉流程和内容，同时也能够在过程中提前找到可能存在的风险点并做好备选解法，进一步优化读书会的方案。

ChatGPT能够帮助我们进行线上彩排，我们还可以明确定义期望的读书会风格，例如正式、轻松等，以便ChatGPT在彩排中能够更好地适应和模拟相应的氛围。

一般情况下，我建议进行两轮彩排，便于切换不同的角色和视角。

第一轮彩排：我可以担任主持人或引导师的角色，而 ChatGPT 则可以模拟不同类型的参与者。通过这种方式，我们能够全面地了解各类读书会成员的需求和期望，并且可以测试参与者对不同情景和问题的反应。

第二轮彩排：让 ChatGPT 扮演主持人或引导师的角色，而我则扮演参与者。这样做可以帮助我们更好地理解读书会的整体流程和设计，并且从参与者的角度出发，评估读书会的效果和互动性。

这两轮彩排结束后，还能与 ChatGPT 一起复盘和总结做得好和不好的地方。

此外，为了使线上彩排更加高效，我们需要确保事先准备充分，包括清晰地表达问题、明确彩排的关注重点和目标以及提供具体的例子和情景。

通过这样的彩排过程，我们可以获得更多观点和改进建议，进而优化读书会的策划和执行。

ChatGPT 作为一个多功能的语言模型，为我们提供了丰富的观点和见解，使整个彩排过程有趣又富有实用性。

总结

在当今信息爆炸的时代，我们总会尝试寻找各种新颖高效的方法来策划各种活动，而 ChatGPT 作为一个强大的语言模型，可以通过多轮对话来帮助我们一起策划各种好玩、有趣的读书会。在本文中，我们分享了如下几点内容。

①赋予 ChatGPT 一个角色，确定读书会的整体流程框架。
②与 ChatGPT 沟通活动流程设计的巧思，逐步策划和执行方案。
③线下访谈调研，结合 ChatGPT 的推荐，确认读书书单。
④让 ChatGPT 加入线上模拟彩排的环节，一起复盘和优化方案。

读书会创始人

读书会创始人的起点没有那么高，只需要你是一个热爱阅读的人，有一定的阅读量，并且掌握一些阅读方法和选书技巧，同时具备一定的组织号召能力。

妈妈赋能读书会，献给世界上最应该阅读的一群人

■ 韩萌

十年英语启蒙践行者
家庭亲子阅读推广者
妈妈赋能读书会创始人

大概十年前，英语启蒙教育理念刚刚在国内兴起，受到安妮鲜花的博客影响，并在盖兆泉、孙瑞玲、曹文等资深语言专家的推动下迅速席卷全国。那时候，立志要好好培养孩子的我也不例外，挺着孕肚在北京学习早期育儿教育，也是机缘巧合，我参加了一场关于英语启蒙的讲座。从那天起，我给自己定下了两个目标：一是培养一个爱阅读的孩子，二是培养一个英语小"牛娃"。命运的齿轮在那一刻开始转动！谁能想到这两个目标不仅帮助儿子积累了软实力，也成为我事业的主攻方向。

从 0—6 岁的亲子阅读到现在的自主阅读，家里藏书达 15000 多册，客厅里两面各长 8 米的顶天立地的书墙是我给孩子最宝贵的财富。我自己也很爱阅读，市面上凡是我能买到的关于儿童英语学习的书籍，我都会买来看，几年间单这一类书也有一百多本了。这种主题式阅读让我快速积累了理论知识，让我这个大学英语四级都是勉强通过的人，居然培养了一个双语儿童。儿子 3 岁就能与线上外教老师侃侃而谈，4 岁能将 BBC 月球纪录片倒背如流，5 岁开始读原版桥梁书和初章书，6 岁开始用英语学习数学和科学，8 岁多做全国高考英语卷子，除去作文几乎满分，9 岁模拟小托福成绩达到 875 分。在培养孩子的过程中，我取得了一定的成绩。借助原来工作单位积攒的人脉，两年前我开始独立创业，越来越多的妈妈开始加入我的家庭英语陪伴营！

我不仅要给英语陪伴营的妈妈们讲解理论、传授经验，还要为孩子们制定专属方案，指导妈妈们每日执行，监督完成情况，并阶段性评估学习成果。也许我算是一个学习能力和执行能力还不错的人，所以我和儿子在做家庭英语启蒙的时候几乎没有遇到什么大问题，似乎每个阶段的状态都很不错。阅读、学习使我快乐，儿子的每次进步都令我激动！然而，即使拥有先进、正确的理论和完美的执行方案，仍会遇到各种问题，而大部分问题的关键在于方案的执行人——孩子的英语教练，也就是妈妈们。有的妈妈可能文化水平不高，有的多年没有再学习，有的自身行动力和执行力比较差，有的亲子关系不是很好，有的工作很忙，无法高效利用时间……这些因素可能让妈妈们无法有一个好的状态引领孩子，指导孩子学习。因此，在英语陪伴营稳定运行的基础上，我开始思考如何帮助普通妈妈们快速成长。

在知识付费时代，每个人购买高质量课程几乎和超市购物一样方便。时间管理、亲子沟通、培养自驱力、儿童心理学、女性成长等主题的课程琳琅满目，可供选择的太多了。然而，课程质量、价格以及妈妈们的时间和精力上的消耗都是问题。而我自身英语陪伴营的交付任务就很重，其他领域还没有深耕，尚未形成知识体系，向妈妈们传授课程还是有难度的。好在每个领域都会有几本非常不错的书，我也习惯买书回来，通过阅读、做笔记自学。因此，我经常向妈妈们推荐优质书籍，期望她们也能通过阅读实现自我成长，但妈妈们的反馈并不理想，有的读了几页便读不下去，有的读完了还是不理解、不会用，有的做了一堆笔记却始终无法付诸实践。反而，购买的书越多，她们越焦虑。**我意识到，阅读本身就是一种自驱的主动学习行为，并不是所有人一开始就有这种能力。**

小六老师的读书会创始人课程仿佛一场及时雨，为我揭示了读书会创始人与培训师之间的区别。原来，在普通阅读者与讲师之间还存在一种身份——读书会创办者。作为读书会创始人，你不需要是专家，不需要具备很强大的个人IP或拥有丰富的领域成果。读书会创始人的起点没有那么高，只需要你是一个热爱阅读的人，有一定的阅读量，并且掌握一些阅读方法和选书技巧，同时具备一定的组织号召能力。甚至只需要你是爱读书、愿意读书的人，剩下的一切都可以在做读书会的过程中学习、积累。

我首先在社群内部招募第一批读书会成员，没想到大家的反应如此热烈，第一次线上读书会就吸引了二十多位愿意学习的妈妈。我在选书时主要关注两点：**一是妈妈们当前最关注的问题，二是我自己熟悉的内容**。最终选了外研社盖兆泉老师的《做孩子最好的英语学习规划师》。这本书是我在 2015 年购买的，反复读了三十多遍，我在书上写满了密密麻麻的思考笔记和圈圈画画的重点。读书会的第一天，我带领大家快速浏览了重点内容。前三个章节属于理论分析，后三个章节按年龄阶段举例实操。在前三天，以我领读为主，我分享了对作者观点与理论的理解、执行方法以及避坑经验。我还结合小六老师的书，教给妈妈们三个读书输出工具：运用费曼学习法倾听输入，思考转换，再逻辑性输出；通过制作知识卡片的方式，提炼书中妈妈们认为有用的知识点；每天读书会结束后，都有"要感动"笔记，留下妈妈们的可视化文字输出成果。考虑到线上读书会需要增加互动感，妈妈们有沟通倾诉的需求，我又将妈妈们分组，每个组负责一个章节，由组长带领组员讨论学习，最后选一个组员分享自己组的共创内容。最后，我还设置了答疑时间，精选一些共性问题提供专业指导。读书会要结束了，可妈妈们都意犹未尽，几乎每次都拖到 8 点半才能散去。妈妈们惊讶地发现，自己还能如此专注地学习。看着手里写得满满当当的文字成果，她们感叹自己被赋能了，带着好心情和满满的能量开始新的一天。

在招募成员时，我设置了一个小门槛，就是要求每个申请加入的妈妈提供一张照片。照片的内容为精心布置的居家阅读环境或者放松独处的角落，我称之为"赋能空间"。这样做的初衷是希望妈妈们不是一时冲动加入，我希望加入的妈妈们至少从这一刻开始，要对自己好一点，让妈妈们开始关注自己的快乐和成长。我记得有一次，一位妈妈向我倾诉，她在自己将近200平方米的家里竟然找不到一个能让她看书、发呆、喝茶的地方。这给我的冲击力很大，引发了对"中国妈妈为什么不快乐？"这一问题的思考。中国女性被赋予了太多传统形象，如贤妻良母、勤俭持家、相夫教子等，逐渐在柴米油盐、鸡毛蒜皮的琐碎生活中失去自我，以至于最后一点独处的权利都被剥夺。更可怕的是，这种现象被认为理所应该。妈妈们稍微有点自我意识展现出来，就会被议论："都当妈妈了，你还……"我希望来参加读书会的妈妈们，从现在开始学会关爱自己，并为自己做点什么。当我看着妈妈们提交的照片，她们为自己打造的赋能空间令人欣慰。她们在家里自己喜欢的桌子上铺上漂亮的桌布，摆上精致的茶具，买了漂亮的笔记本和笔，还有的准备了美味的果盘，甚至给自己定了一束鲜花。很多妈妈反馈，在准备赋能空间的过程中，她们就已经快乐起来了！

在读书会的时间安排上，我确实比较苛刻。其实我也想过很多次，时间到底定在什么时候最合适。这似乎是每个办读书会的人都要面临的问题，而且几乎无法做到让所有人满意。有的妈妈要上班，有的要接送孩子，有的要照顾老人，每个人都有各种各样让人无法拒绝的理由。干脆狠狠心，我决定将读书会的时间定在早上5点至7点。我的想法很简单，就是让人无法再有拒绝的理由，这个时间段应该不会受到其他外部事务的影响。只要你想学习，愿意参加读书会，愿意改变自己，你只需早起就行。如果不能参加，那就只有一个理由——你不愿意克服困难早起。**这样的时间安排自然而然就劝退了一些一时冲动报名的人，也为读书会的后期质量提供了保障。**我没想到的是，即使是在这样一个苛刻的时间段，读书会依然得到了二十多位妈妈的积极响应。我在感动之余，也强烈感受到了妈妈们的学习热情和她们的可敬可爱之处。这使我更加坚定了要把读书会办好，尽我所能把书上的知识分享给大家，并帮助大家将知识付诸实践的信念。记得有位妈妈跟我分享她的困扰，家里的老人反对她早起参加读书会，认为她既要照顾两个孩子，又要上班工作，没必要再早起折磨自己。这位妈妈告诉我，她已经将近十年没有学习，平时的社交圈子质量也不高，希望借助这次读书会，找回当年读书时很厉害的自己。

在读书会的后期，我逐渐扩大了招募范围，不仅邀请了同小区的邻居，还联系了只在网上有过交流的网友、一面之缘的朋友，甚至包括陌生人。我利用我家的客厅，举办了很多场线下读书会。在这过程中，我学会了小六老师的拆书技巧，使读书会越来越有料、越来越有趣。我还设计了参会证书和读书会 Logo 贴纸，让读书会更有仪式感。**通过组织这些活动，我从一个重度社恐者逐渐变得勇敢，从组织读书会这个小而美、精而细的活动中汲取经验，找到了一群与我志同道合的阅读爱好者。**在帮妈妈们快速积累带领孩子成长的能力的同时，我也帮她们找回热情洋溢、能量满满的自己！

> 读书会创始人
>
> 人们总是对新鲜的事物感兴趣，想要持续把读书会做好，需要保持一种"创新""求变"的心态，为读书会增添更多的新鲜元素。

如何办好一场线下读书会？

■ 何伟

学习力认证导师
拆书帮三级拆书家
北京师范大学京狮行知读书会原常务会长

在过去的五年里,我一直做着与读书会相关的事情,并且乐在其中,读书会让我和我的生活变得更加充实、更加有意义。首先,说一说我对读书会的几点认知。

①什么是读书会? 读书会是一种以阅读为主题的社交活动,它像是一个因阅读而形成的空间能量站,让一群爱读书、爱学习、爱分享的伙伴聚在一起,围绕一本书或者一个话题进行深度对话。

②读书会应该有什么样的规模? 在过去的五年里,我组织过几十人的读书会,也组织过三五个人的读书会。读书会的规模并非越大越好,一本书、一个话题、两三位参与者、两个小时的活动时间,就可以构成一个读书会的最小模型。

③读书会的关键是什么? 读书会的关键在于能够为书友提供价值,也就是书友参加读书会能够有收获。

读书会的价值包括以下三种。

实用价值: 书友在参加读书会时能学到自己需要的知识或方法,这类书友通常带着较强的目的性。为了提供实用价值,读书会就要有货真价实的"干货"。

情绪价值: 书友在读书会中分享自己的观点和感受,这类书友通常有着较强的表达欲和倾诉欲。为了提供情绪价值,读书会一定要有"情绪"的高度参与。

社交价值: 书友在参加读书会时能结交朋友、扩展人脉,这类书友参加活动是为了拓展自己的社交圈子。为了提供社交价值,读书会就要有明确的书友群体。

那么,怎样举办读书会、开展读书会活动呢?"望、闻、问、切"四个步骤能够帮助我们完成读书会的举办和开展读书会活动。

第一,望。 视觉化你的读书会,包括为读书会起名字、设计

Logo、制定规则（玩法）、采取有效的宣传方式、选择场地、展示活动成果等。潜能开发导师吉纳维芙·白汉德曾说："每个人都在视觉化，不管他知不知道，视觉化是成功的大秘密！"做读书会也是一样的道理。

2019年，我出任北京师范大学京狮行知读书会常务会长，起草了读书会的章程，设计了读书会的会旗和活动规则，并沿用至今。如果你也想举办一个属于自己的读书会，那么首先要做的事情就是"望"，去做那些能够让读书会视觉化、能够被别人看见的事情，比如给自己的读书会起一个有意思的名字。

第二，闻。初创读书会时，很多人感觉很难，不知道该从何下手。这时，你就要走出去，去参加别人的读书会，学习别人的成功经验，先"依葫芦画瓢"，再逐渐形成自己读书会的风格和特点。当你的读书会具备一定的规模、拥有一定的粉丝后，组织活动时多征求书友们的意见，这样做不仅能够增加书友的黏性，还能使读书会活动更加有的放矢。最重要的是先行动起来，想都是问题，做才有答案。

第三，问。问自己为什么要做读书会？怎样才能将读书会做得更好？前者是做读书会的初心，是你坚持的动力，后者是读书会持续发展的关键。做读书会的过程不会一帆风顺，可能会遇到各种问题。我在做北京师范大学读书会会长的时候，有一次读书会在两天内增加了几十人，接着因为改变规则又离开了几十人，那时，我的心态是有些崩溃的。但我也相信，那些能留下来的会员一定是读书会的坚定支持者，事实证明确实如此。

人们总是对新鲜的事物感兴趣，想要持续把读书会做好，需要保持一种"创新""求变"的心态，为读书会增添更多的新鲜元素。例如，选择与读书主题相契合的场地，与别的读书会、社群合作，在活动中使用一些工具（各种卡牌就是很不错的选择），让书友们每次参加活动都能获得价值。

第四，切。对读书会活动进行复盘，为自己"切脉"诊断。从读书会各个环节入手，找出自己做得好与不足的地方，并进行改进。通过反思与迭代，不断提升读书会活动的质量，保持读书会的生命力。

那么，怎样才能组织一场线下读书会呢？好的读书会一定会让参加活动的书友获得足够的参与感，让他们收获更多的价值。"3-3"的步骤能够帮助你做好一场读书会。一场读书会包括三个主要环节：前期准备、现场组织、活动收尾。每个环节又包括三件事情。

第一个环节：前期准备。包括选书、选人、选场地三件事情。做好充分的前期准备对于组织读书会是非常重要的，正所谓"不打无准备之仗"。

选书，读书会的关键在于给书友带来价值，所以优先选择那些能够解决实际问题的书籍（简称致用类书籍），如习惯养成、时间管理、沟通等方面的书籍。这类书中提到的方法具有可操作性，能帮助参加读书会的书友解决实际问题。选择书籍时，还可以关注书友们的兴趣和需求，为分享环节奠定基础。

选人，通过宣传招募参加读书会的人。最开始做读书会时，可以选择在朋友圈发布举办读书会的信息，朋友圈是你的私域，都是你认识的人，这样招募来的书友会减少你的紧张感和压力。随着读书会的发展，可以通过公众平台扩大招募范围，增加读书会的影响力。

选场地，读书会的场地不一定非得是那些高大上的场地，很多场地都可以用来办读书会，如咖啡馆、餐厅包间，甚至户外，重点在于场地交通便利、环境舒适，便于书友进行分享和交流，小而美往往优于大而全。

第二个环节：现场组织读书会。包括导读、共读、分享三件事情。这三件事情是一场线下读书会最核心的部分。

第一件事情：导读。我们要解决以下三个问题：

①本次读书会为什么选择这本书？这本书能够解决书友们的什么痛点？

②利用5—10分钟时间介绍书中的重点内容，让书友对所读书籍有所了解。

③书友破冰，参加读书会的书友分组交流，进行自我介绍，书友间产生联结。

第二件事情：共读。领读人从书中选取共读的内容，可以是一个片段或一个章节。在共读时，书友和书中的内容之间会产生三次联结。

①读到：书友通过阅读了解书中所讲述的内容，这是书友与书中内容之间产生的第一次联结，是一种表面联结。

②想到：书友回想在参加读书会前，对所学知识和方法的理解、经历和故事。这是书友与书中内容之间产生的第二次联结，是一种深度联结。

③得到：书友思考如何将所学知识、方法应用于实际问题，提高自己的能力。这是书友与书中内容之间产生的第三次联结，这是一个将书中的知识进行内化的过程。

第三件事情：分享。共读完成后，邀请书友分享自己的感悟、收获以及今后的行动。一千个人的眼里有一千个哈姆雷特，不同的书友参加完读书会之后的收获也不尽相同。邀请书友进行分享，有助于我们从不同维度理解书中的内容，也能让书友们互相启发、共同成长。

第三个环节：收尾工作。别小看收尾工作，这是为读书会画上完美的句号，也为书友提供了一次价值体现的机会。在读书会收尾阶段，我们可以做以下三件事：

①**书友间互相写纸条**：纸条的内容可以是赞美、鼓励或建议，以此增进书友间的友谊。

②**书友给领读人写纸条**：邀请书友对本次读书会进行评价和建议，从需求方的角度审视供给方的产出，能够提高供给方的水平和质量。

③**合影留念**：通过合影记录每次活动的美好时光，既可以作为书友之间的回忆，也可以成为今后读书会的宣传资料。

正如泰戈尔在《用生命影响生命》中所说："请相信自己的力量，因为你不知道，谁会因为相信你，开始相信了自己。"**如果你有想举办读书会的想法，那么就请勇敢地迈出第一步。**

空间整理着重通过人、物、空间、时间的平衡来解决凌乱的问题，读书则通过不断阅读与思考解决我们思想上的贫乏和混乱。

读书会创始人

如何将读书会与整理职业相结合？

■ 黄冬梅

整理收纳咨询师
怡然整理主理人
管理学硕士

童年的阅读启蒙

我很喜欢这样一句话:"把我喜欢的、我擅长的、我天命所归的事情,做到极致。"**对我来说,读书是我喜欢的,整理收纳是我擅长的。**

我现在是一位职业整理师,39 岁时从外企管理岗位转行,投身于此,如今是第 4 个年头。当初选择这个新兴职业,是觉得正好可以把自己热爱的事情做成事业,又可以实际帮助到身边的家庭,实现利己利他的目标。阅读是从认字开始就热爱的。小时候,姨父家的书柜里满满都是《七侠五义》《包公断案》这类小说,虽然如今已经不太记得这些小说的具体情节,但是回想起来,这些书里蕴含的侠义公正的价值观,给了我中国特色的中正传统文化启蒙。

在初中时期,我用自己的零花钱在学校小图书馆租书,那些千奇百怪的故事培养了我的好奇心和想象力,让我喜欢上了语文这个科目。直到现在,我还是很喜爱阅读历史和传记类的书籍,这也和童年时期的阅读经历相关。

我与线上读书会的故事

自从成为整理师之后,我发现我以前学的项目管理、心理学、PPT 技巧、团队管理知识都可以用得上,但这个职业的复杂性要求我学习更广泛的知识,如空间规划、色彩学、陈列学、沟通技巧等,于是我再次开始了系统地读书。

2020年4月,我加入了一个整理师团队的早起读诗群,每周一到周六读诗一小时,坚持了2年时间。2020年8月,我的整理导师发起了一个婚姻整理研讨会,当时需要建立很多小组来共读蒋佩蓉老师的《十分婚姻》这本书,我申请担任一个小组的组长。2020年10月,我们正式成立了"晚上十点的艺起读书冬玫组",从此开启了线上读书会的旅程。我们至今仍在坚持每周阅读5天,共读时间为每晚40分钟,3年下来,我们一共读完了30本经典图书,包括9本整理收纳类图书和21本非整理收纳图书,非整理收纳类书籍涵盖了管理、心理、育儿、哲学、理财等多个领域。《高效能人士的七个习惯》《正面管教》《非暴力沟通》《小狗钱钱》《断舍离》等经典之作,都是在此期间和小组成员共读的。

有一段时间,我每天要参加3个线上读书会。每天早上七点加入马英老师的诗词组共读一小时,中午十二点加入整理师欣欣学姐组织的"能断金刚"小组共读一小时,晚上十点则是自己读书小组的共读时间。每个读书小组都给了我不一样的收获。

早上的诗词组要求最严格,每天阅读1—2首古诗词及其赏析,读完后大家可以选择背诵或抄写。这个读书会让我改掉了晚睡晚起的习惯,并让我的发音有了很大的改善。中午的"能断金刚"小组注重精读,每天读的内容不多,重点在于讨论,这个小组的人数不多,但是每次的讨论都很深入。晚上的小组则不断尝试各种阅读方式,如读完一本书再做分享,或边读边讨论。每本书设有不同的领读人,从开始的固定选书,每天做严格的打卡记录,发展到后来的自由选书。**在不断坚持中,我们所做的每一次尝试都是送给自己的礼物。**

我与洋葱读书会的故事

2020年4月,在一次寻找阅读专题书籍的过程中,我读到了彭小六老师的《洋葱阅读法》。这本书让我对碎片阅读、快速阅读、主题阅读和深度阅读有了更系统的认识,开始使用九宫格笔记法来做阅读笔记。一年后,我加入了静姐的快速阅读工作坊,对快速阅读有了更深入的了解。在此过程中,我学会了根据不同的书籍选择合适的阅读方法,放下了以前每本书每一个字都要读完的执念。

后来,我就积极参加静姐组织的洋葱读书会,静姐的洋葱读书会有一种魔力,氛围轻松、有趣,主持人静姐把控得有条不紊,让我每次活动既学到了新知识,又结识到了新朋友。此外,我还站在组织者的角度总结了很多读书会的方法与工具,将其用到自己的读书会和沙龙中。2021年和2022年,我因为参加活动次数较多,两次获得了"最佳年度洋葱头"的称号,还收获了独特的小礼物。

受到静姐的邀请,我慢慢地从参与者变成了领读人。结合自己的专业,我们举办了几场以整理收纳为主题的读书会,如甜么书吧举办的《断舍离》领读会,2023年4月的《脱胎换骨的人生整理术》早读会以及2023年6月的《脱胎换骨的人生整理术》7日线上阅读营。

我与家长读书会的故事

我到处参加读书会,一位朋友把我拉进了格鲁伯家长读书会群。这个读书会的地点正好是我们家孩子就读的学校,由家长志愿者组织,具有公益性质。从此,我找到了一个地域最近的线下读书会组织。因为大家同是一个学校的家长,我们在育儿等话题上有很多共识,而且家长群里各行各业的人才都有,每次交流都会碰撞出不一样的智慧火花。和洋葱读书会一样,由于我的积极主动参与,我再次从参与者变为组委会成员。作为一位志愿者来组织读书会,我主动承担了读书会的海报制作、群接龙、账目统计等工作,和更多志愿者建立了深厚联系。

在幕后工作一段时间后,我决定带领大家共读一本整理收纳的书——《脱胎换骨的人生整理术》。选择这本书而不是《断舍离》或《怦然心动的人生整理魔法》等大咖之作,主要有三个原因。**首先,我已经在线上做了两场关于这本书的读书会,对书中的内容有很详尽的了解**,也深知这本书既有方法论,又有实用工具,道、术、法、器样样俱全。**其次,这本书结构清晰,语言简洁,更符合中国人的阅读习惯**,而且六个章节之间互相独立,可以按章节拆分成六场线下读书会,家长单独参加某一场也不影响对单次内容的理解。**最后,本书涵盖了有形物品整理和无形人生整理两个方面,由浅入深**,正好符合我当时希望与大家分享的整理力量和深度。

由于线下读书会与线上读书会有所不同,我额外做了很多的准备工作。我举办的读书会类型为共创型读书会,特色是由专业的整理师带领大家来共读整理类书籍。我们设置了破冰、共读(轮流朗读)、讨论(提前设置问题)、总结、自由讨论(大家提出问题)五个环节。由于时间限制,无法现场朗读每一章节,针对一些比较简单的章节,我就会带领大家总结和跳过。就这样,每场读书会的时间都控制在2小时左右,针对有孩子上社团课且放学晚的家长,我们会继续进入自由讨论环节,总时长偶尔会延长到3个小时。

关于《脱胎换骨的人生整理术》的家长读书会一共举行了六场,

依次是启动准备篇、整理方法篇、空间规划篇、观念整理篇、关系整理篇、梦想整理篇。每周一次，跨度一个半月。其间，我们不断汲取上一场的不足，并在下一场中改进。例如，从第二场开始，我们加入了文字输出环节，第三场加入了个人整理打卡环节，第五场加入了入户实践互助环节。从读完书上的知识到分享个人感悟，再到大家组建实践小分队，到真实的厨房、书柜或者衣柜中去践行书中提到的整理收纳流程和技巧。在读书会结束后的半个月内，我们就组织了四次入户整理实践，让大家从知道到做到，把书本知识应用到日常生活中，知行合一，真正做到用读书点亮生活。

结语

读书和整理都是我热爱的事情，只不过现在整理成了我的职业，读书成了我的爱好。 在过去的三年多时间里，我持续参与整理和阅读实践，我逐渐发现两者的共通之处。空间整理着重通过人、物、空间、时间的平衡来解决凌乱的问题，读书则通过不断阅读与思考解决我们思想上的贫乏和混乱。对很多人来说，整理是一种救赎，帮助他们走出人生低谷，摆脱抑郁症，走出鸡飞狗跳的状态，从而提高效率，更加包容。对很多人来说，太阳底下无新事，所有的问题在书里都能找到答案，读书是性价比最高的学习。

我自己从这两件事中都汲取过力量，整理让我更加开放、有规划、有决断力，并养成了事事复盘的习惯；读书让我更加开阔、谦逊、包容。 虽然我已经参加了 80 多场读书会，组织过 20 多场读书会，但是我暂时还没有创立属于自己的读书会。我相信，每一步路都会算数，我一定会拥有自己的读书会。我自己比较偏好诗词、历史和传记类书籍，虽然这些书籍相对小众，但是只要能和志同道合的人在一起，做自己喜欢的事情，做难而正确的事情，做到极致，吸引更多有趣的灵魂，夫复何求！

正如《明朝那些事儿》的作者当年明月所言："成功只有一个，按照自己的方式，去过一生。"我希望我能继续将热爱融入读书会和整理中，帮助自己和更多的人拥有从容自在的一生。

> 做读书会要保持初心,不要有太重的得失心。人多人少都一样,重要的是坚持做下去。

读书会创始人

办个"安心去爱"高体验读书会,助你吸引更多人

■ 刘静

高级家庭教育指导师
快速阅读认证讲师
武汉洋葱读书会发起人

我来自武汉,从小受父亲的影响,喜欢看书。我曾在跆拳道体育行业从业二十年,主要从事咨询和策划工作,接触的全都是体育界人士。

很多人对体育从业者,尤其是习武之人,存在刻板印象,认为他们大多头脑简单、四肢发达,只会拳脚功夫。

馆长、教练们参加的大多是技术型、管理型的学习,很少静下来读书。基于这两个原因,我在2014年10月发起并组织了我所在行业的第一场读书会,组织大家阅读和教育、管理、服务相关的书籍,为整个行业打造了一个学习、交流的平台。这种形式的读书会在业内开了先河,受到大家的热烈欢迎。每月一期,场场爆满,甚至有许多从外地赶来参加读书会的朋友,业内读书会持续办了40多场。

直到2018年初,我因为投资失败,亏损了几十万元,陷入了深深的自我怀疑,我感觉以前读过的书都是白读了。正应了那句话:"读了那么多书,依然过不好这一生。"

恰好在2月份,我在微博上看到彭小六老师的洋葱阅读营招募,就像看到救命稻草一般,想都没想就报名了,因为我想知道到底应该如何读书。通过学习,我才发现以前踩了很多坑,读书并没有想象中那么简单。**阅读不是拿起书就读,也不是非要一个字一个字地读,而是要根据目的、需求和书籍类型选择合适的阅读方法。**

在成为几期洋葱阅读营的"钉子户"学员后,我迫不及待地将所学知识应用于实践。2018年6月,我走出行业,面向社会创办了武汉洋葱读书会。**在组织读书会的过程中,我不仅提升了阅读能力,还扩大了影响力,认识了很多优秀的人。**我的策划、组织、统筹、应变等能力也得到了提升,同时,我通过组织读书会实现了变现。

转眼间,组织读书会已到了第十个年头。从2014年至今,我在线上线下共举办近 200 次读书会、沙龙和阅读营,吸引了 2000 人学习与成长。从一个人读书到组织一群人读书,越来越多的人参加读书会。每次活动不仅有老粉支持,还有新成员加入,甚至还有外地来参加读书会的书友。

那么,如何做到每场活动都能吸引大家参加呢?让我们从"安心去爱"开始吧。

营造安全的氛围,消除陌生感

参加读书会的人大致可分为四种类型:

A. 认识组织者,参加过读书会的老粉。

B. 认识组织者,但从未参加过读书会。

C. 不认识组织者,参加过其他读书会。

D. 不认识组织者,从没参加过读书会。

请问:哪种类型的人需要重点关注?

答案是 BCD,因为他们都是第一次来参加你的读书会的人。

记得有一次,一位书友在参加活动的前一天才加我的微信,他之前从没参加过我的读书会,是因为朋友的推荐而来。

因此,相比 ABC,我们又需要重点关注 D 类书友。针对第一次参加读书会的人,组织者首先要做的就是营造安全氛围,消除陌生感。

(1) 做好事前调查

如何知道参与者是不是第一次参加读书会,有没有参加过其他读书会?最简单的方法就是做事前调查。

通过事前调查,了解参与者的基本情况(如职业),以及他们以前是否参加过读书会、参加读书会的目的等。了解这些信息后，组织者可以有针对性地设计活动流程和环节。例如，对于从特别远的地方来的朋友，以及第一次参加读书会的人，组织者要特别关注，多与他们交流。

曾经有一位书友坐了两个多小时的高铁来到武汉，参加我们的读书会。在活动当天，我特意重点介绍了这位书友，并对他的到来表示了热烈的欢迎。

（2）提供充分信息

如果参与者第一次参加读书会，他们通常会关注哪些信息？

- 是否需要带书？
- 如果没有书或者没有看完怎么办？
- 如何坐车？
- 大概时长？几点结束？
- 是否方便停车？
- 还需要准备什么？

这些问题可能都是参与者想要了解的信息，请务必在活动前告知。

因此，我们通常在活动的前一天建临时群，发布群消息，包括活动当天的天气情况、交通路线、停车情况等，同时发定位、图片指引，仅仅这一点就让很多人感觉我们很细心。

我们在群里发的信息要求参与者及时回复，如果有人没有回复，再单独私信通知，提醒对方关注群信息。

（3）事后收集反馈

读书会结束后，组织者除了做复盘、发朋友圈外，还需要做一个收集反馈信息的调查，可以再次加深和参与者的联结，了解他们对读书会的满意度和需求，拉近彼此的距离，组织者也可以收集到很多好的建议。

- 从环境、距离、氛围、内容、流程、时长、服务等几点进行评分。
- 如果后续想继续参加读书会，对哪些主题比较感兴趣？（如果组织的读书会都是固定的主题，这个问题可以不要。）
- 推荐书籍。
- 是否愿意推荐朋友参加？

每个人都有被关注、被需要、被重视的需求。作为组织者，我们要充分满足这些需求，消除陌生感，让每位参与者都能在读书会中找到自己的价值和归属感。

营造温馨的氛围，增强仪式感

营造温馨的氛围并不一定要花很多钱，搞多大的排场。我们可以从"三观"上去设计。

(1) 让读书会好看

为了增加氛围感，我们可以准备一些物料，主要有以下三类。

①宣传物料。

准备一些适合拍照的物料，非常加分。通常有横幅、挂旗、手牌、折叠旗等。可以在这些物料上面印上读书会的名称、口号、金句和Logo。相较而言，横幅比较长，需要一定的空间，适合人多或者在户外使用；手牌颜色鲜艳，形状多样；折叠旗轻便，方便携带，可以人手一面。

② **签名物料**。

因为我自己很喜欢明信片，所以把以前的签到表换成了明信片。每次在明信片上写上主题、时间、期数，然后让参与者用自己喜欢的彩笔签名，这样拍照也非常好看，方便传播，适合发朋友圈。将签名明信片一张张积累下来，也是非常有纪念价值的。

③ **学习物料**。

读书会还可以准备一些学习物料，如破冰环节用的心情卡、问题卡、姓名贴纸，互动用的角色卡、计时器，输出用的读书笔记表单、知识卡片等。布场时，提前摆放好这些物料并拍照发到群里，让大家感觉很有仪式感。

总的来说，大家都喜欢美的东西，也愿意分享美，所以要让读书会更好看，满足视觉需要。

(2) 让读书会好吃

如果在茶吧、书吧举办读书会，一般会提供茶歇。如果是在自己的工作室举办读书会，需要自己准备茶歇。建议购买当季的水果，最好是选颜色靓丽的，如小番茄、青提、杧果等。另外还可以准备糕点，中式、西式都可以。

如果是自己准备茶点，建议买好看的器皿，不要用一次性纸盘。纸盘虽然经济实惠，但看起来有点随意。一次性投入买些好看的器皿，摊下来成本也没有多少。把五颜六色的食品、水果摆出来，拍起照来特别好看。

(3) 让读书会好听

如果问你每年春晚的最后一首歌是什么？你一定会脱口而出。没错，就是李谷一的《难忘今宵》。为什么你会记得？因为每年都唱这首歌，让大家都记住了。

我们在组织读书会的时候，是否也可以放些音乐，让读书会更有氛围感？例如，在读书会开始前，参与者之间如果不太熟悉，为了避免尴尬，可以放些轻松、舒缓的音乐。在大家安静读书的时候，可以播放一些旋律优美、节奏稳定的音乐。最后还可以在结束的时候，播放一首固定的音乐。

营造氛围并不需要多豪华、多高级，而是需要营造出舒适、愉悦的氛围，给参与者带来多感官的享受。

当然我们要尽量避免形式大于内容，确保营造氛围只是锦上添花，毕竟最重要的是读书会能提供实际价值。

营造有趣的氛围，提升参与感

一说起读书会，有些人可能会认为有点枯燥，其实读书会也可以变得很有趣。

如何让读书会变得有趣，可以从三个方面来设计。

(1) 让破冰更有趣

读书会都会有自我介绍的环节，通常来说都是"老三样"，介绍各自的姓名、职业、兴趣。每次这样介绍，没有太多新意，尤其是对于多次参加读书会的小伙伴们来说。如果没有什么特点或亮点的话，这场读书会一般比较难被人记住。如果介绍的形式变化一下，或者借助某个道具，互动氛围会更好。

①滚雪球。

同样是介绍名字、职业、兴趣爱好或期待三个内容，"滚雪球"的做法是下一个介绍的人要说出前面人的名字，这种形式可以让大家尽快熟悉彼此。

例如，我是AAA后面的BBB，接下去第三个人要说，我是AAA后面的BBB后面的CCC。

②猜真假。

介绍完姓名后，再介绍自己的三个标签，其中两个是真的，一个是假的，让大家猜哪一个特质是假的。例如，我是跆拳道冠军，是一个吃货，还是早起达人。尽量不要说性格类的标签，如我很热情，因为偏主观，让人不好判断。

③画圆圈。

在一张卡片中间画上一个圆，然后在这个圆上面任意添加笔画，并在这张卡片的四个角分别写上姓名、区域、兴趣爱好和参加活动的目的。

破冰环节可以随时调整，不过需要注意的是，破冰环节要根据人数来设计，不能占用读书会太多时间，所以对时间的把控也很重要。

（2）让互动更积极

经常有人是第一次来参加读书会，对环境和其他参与者都不太熟悉，又或者有些人本身性格很内向，不爱发言。主持人有时候会承担很多角色，既要主持、计时，又要记录，分身乏术。现场询问谁愿意来做计时官或记录官，可能总是那几个积极的人报名，无法调动所有人的积极性。因此，我和周妍霏老师设计了一套读书会角色卡，效果非常好。

读书会角色卡分为主持人、计时官、记录官、鼓励官和分享官五种角色。通过抽取角色卡，每个人都分配了角色和指定了任务，增加了参与者的归属感、主动性和趣味性。每次抽到不同的身份，也会有不同的体验，增加了大家的新鲜感。

(3) 让形式更多样

①类型多样。

彭小六老师说过，组织读书会主要有三种类型。

领读型：领读者可以是作者，也可以是某个领域里非常专业或者熟悉这个主题的人。

共读型：大家共同阅读一本书，共读某个章节或分章节阅读。我们之前共读的《幸福，从接纳开始》就是选择一个章节来共读。

共享型：就是围绕一个主题，每个人分享不同的书籍。如组织"三八女神节"读书会时，每个人分享一本和女性相关的书。组织"走近杰出人物"读书会时，每个人分享一本自己的榜样或偶像的传记，讲述他们身上有哪些优秀的特质。

②环境多样。

举办读书会的地点不一定局限在室内，还可以设置在户外。例如，我们组织过一场"品读春天"草坪读书会，大家先在公园里徒步，然后选择一块草地，阅读和春天相关的书籍。

③主题多样。

我们在某年大年初一组织了"红宝书鸿运当头"线上早起读书会，每个人分享一本封面是红色的书。四月组织了"人间四月天，读书好时节"系列读书会，每周六早上由一位领读人分享一本好书。

除此之外，很多人参加读书会是因为它具有社交属性。在读书会上，不一定只读书，还可以组织沙龙活动，如举办手工定制、照片整理、传统糕点品鉴会、古琴鉴赏等沙龙。

读书丰富大脑，沙龙丰富生活。通过组织丰富的活动，增加参与者的体验感和趣味性，吸引更多不同的群体参加。

营造有爱的氛围，赋予归属感

想让书友持续参加读书会，需要不断给予其肯定，将参与者变成共创者。武汉洋葱读书会最开始是一个人组织、一个人分享，发展到现在是团队一起组织、一起分享。

（1）记录每次活动

从2018年第一场洋葱读书会开始，我就记录每场读书会的时间、地点、主题、人名，以及每个人参加的次数。以此为依据，可以在半年度或年度会上为参加次数较多的会员赠送礼物。2023年暑假去景德镇旅游时，我特意为参加读书活动次数最多的前十位会员挑选专属的杯子作为礼物。

（2）设计统一形象

小六老师来武汉做分享时，正值武汉洋葱读书会成立三周年，我们还设计了统一的T恤、读书会明信片和手提袋，更像一个团队。

（3）组团参加活动

读书会除了组团看电影、参加旗袍秀外，还组团参加一些特别具有挑战性的活动，例如，参加城市定向越野、25公里徒步以及马拉松比赛，为此我还单独成立了一个武汉洋葱跑团群。大家将自己跑步或参赛的记录发到群里，相互鼓励，加深感情。

（4）建立合作关系

现在的静心成长年度会员群里的会员90%都是洋葱读书会的成员。我们请擅长分享的成员来做分享，有糕点的提供糕点，有场地的提供场地，相互推广，互相助力。把成员变成会员，把会员变成家人，建立更紧密的合作关系，大家才有归属感。

总结

做读书会要保持初心,不要有太重的得失心。人多人少都一样,重要的是坚持做下去。记得有一次,只有两个人来参加读书会,即便如此,我们也尽心尽力组织,让书友满意。

读书会想要吸引更多的人来参加,最重要的是做好自己。正如彭小六老师所说,读书会与其说分享的是书,不如说分享的是人。很多人来参加读书会,并不一定是因为书而来,而是因为人而来,因你而来。

愿我们守住初心,保持平常心,营造安全、温馨、有趣、有爱的氛围,组织好读书会,吸引更多的人来参加。

> 所有的学习都是输入,想要变现,必须要输出,从阅读者变成分享者。从一个人阅读,发展到带着一群人阅读,就变成了分享者。

读书会创始人

如何利用读书在线上赚钱?

■ 马如全

拆书帮三级拆书家
个体心理咨询师
DISC 认证讲师

有没有一种变现方式可以在学习的过程中就能使用呢？大部分的变现方式是你要具备一种技能后，才能以此解决别人的问题。整个过程可能需要花二三个月，甚至是一两年的时间，这个时间对于"月光"的打工人来说，根本耗不起。

有一天，突然一个问题出现在我的脑海：有没有可能，我们在学习的过程当中就开始变现呢？当然是有的。一般我们要获得一项赖以生存的技能，就必须通过学习。而学习的途径又有很多种，如自己摸索，时间成本很高，很多人在学习的过程中就失去了耐心，因为缺少指导，难见起色；少走弯路的学习途径是去拜师，有师父带你，时间成本低，但价格昂贵；还可以买课程自学，时间和金钱成本相对折中，但同样缺少后期应用的指导；**读书是获得知识技能性价比最高的方式，而且作者一般有一定的能力。**

所有的学习都是输入，想要变现，必须要输出，从阅读者变成分享者。从一个人阅读，发展到带着一群人阅读，就变成了分享者。

下面我将从选书、内容、呈现、定价、招募、交付、复盘这七个方面来说明将一本好书加工成线上服务的全部流程。

遇到怦然心动的书

不管是出于技能学习，还是陶冶情操，当你读了一本能够帮助你的好书后，很可能会想要分享给更多的人。这时变现的途径就出现了：分享＝价值。

分享的图书可以是诗词歌赋或武侠小说，也可以是时间管理或Java底层架构相关的书，只要让你读有所获，希望可以分享给更多的人，都可以作为读书会的分享图书。

在确定一本书时，可以将其分为以下三种情况。

（1）个人兴趣

这类书籍是你自发喜欢的。我的一位朋友，对《红楼梦》很感兴趣，于是她主动组织小伙伴一起讨论《红楼梦》的内容。兴趣是最好的老师，你的爱好里藏着你的渴望！

（2）技能提升

当你希望学习一门新技能或提升现有技能时，可以选择相关领域的书。

如你希望未来从事心理学相关的工作，那这时你会有目的地阅读心理学相关的书籍；或者你现在是程序员，希望提升沟通表达能力，就会选择沟通方面的书籍；你觉得与家人关系不太理想，想要提升幸福指数，就可以阅读与此相关主题的书籍。

（3）主营业务

从事某个职业的人，可以选择与该职业相关的书籍。如果你是保险代理人，就可以组织阅读与保险、理财以及金融相关的书籍。将自己的职业技能提高到无可替代的地位，这也是掌握人生的手段。

总之，你能持续阅读的书，很可能能为你提供当下在精神或外在能力方面所需要补充的养分，好书值得你多读几遍。不妨现在就观察一下，你最近在读什么类型的书？思考一下，为什么阅读它们？你可以将其中最好的一本书拿出来，准备组织一场线上收费的读书会吧！

如何准备分享的内容？

当你确定书目后，你要做的是整理书中的逻辑线，提炼出有价值的内容。有些章节是核心内容，也就是解决问题的方案，有些章节是为了让整本书更有逻辑性而增加的。

这里可以给你一个简单框架：为什么—是什么—怎么做—练一练。

无论是小说还是致用类书籍，都有前因后果的完整逻辑，你只要根据作者的观点和理论来选取重要的观点和解决方案就可以了。

①**你为什么读这本书？**

引出想要解决的问题或满足自己的哪些需求。

②**作者的观点是什么？可以解决哪些问题？**

将这些观点或知识点讲给学员听，这是主要的内容。

③**引起大家思考的问题。**

讲完知识点后，留 2—5 分钟给大家思考，结合当前的知识点，引导学员思考和理解刚刚讲的内容。

④**解决方案具体是什么？**

解决方案讲完，还要举例说明。

⑤**举例说明。**

讲完方法并不能保证听者一定会应用，用一个场景化的案例教学会使学员更容易理解。

⑥**带大家练一练，确认学员掌握知识点。**

还有时间的话，可以带着大家练一练，请学员现场分享自己在应用时的问题与收获。

⑦**布置作业。**

给大家布置一个小作业，方便之后的巩固。之后，你还可以直接问一下大家作业的完成情况。通过作业也能了解大家对方法的理解程度，做得出来说明听懂了，做不出来就要进一步确认是组织者讲得不透，还是学员自己的原因。

你可能会问，为什么不从学员的角度选择要解决的问题呢？

最开始，我们读书是为了先解决自己的问题，而自己是最大的客户。在没有市场或书友的前提下，你很难确定别人的真实问题。如果选了其他人的问题，你的关心程度并不足以支撑你举办读书会。所以，对于新手，最简单的方法是：确定一个读书会的主题，然后去找关心这个主题的人参加。

如何更好地呈现？

你确定好分享的内容后，就要开始思考用什么样的方式呈现出来？

①**将你整理出来的知识点、方法，做成对应的PPT**。这个PPT可以让学员直观地看到主要内容，能说明你的用心和准备充分。

②**为学员提供一些可视化的道具**。最简单的是A4纸、彩色笔这些常用工具，还可以增加一些趣味设计环节，例如，为每个参加的学员设计角色：时间官负责控制每个人分享或讨论的时长，记录官负责整理小组讨论的结果。将书中的内容制作成卡片，或用小木偶、番茄钟等道具，让读书会变得更好玩。

③**互动小游戏**。成年人最不喜欢的就是说教，可以将知识点或方法的验证过程做成小游戏，让大家参与进来。游戏的选择可以参考一些培训游戏书籍，如《培训游戏全集》。

定价格与时长

一次读书会的时长可以是半天或2—3小时，如果你一开始没有信心收费，那可以先从免费做起。但可以告诉你的是，那些认真的学员，大部分是付费学员，而且学员为了提升自己，愿意付费，所以，收费是更好的彼此激励的方法。

做了几次短时间的读书会后，可以将时间拉长，如 3 天读书会，每天只要领读 1 小时就够了。价格方面，最开始可以定 19 元（一杯奶茶的价格）、39 元或 59 元的体验价来招生，先实现小规模的变现。

如果是针对某一个主题，共读多本书，还可以设计一个长时间交付的课程，如 30—100 天，可以定价为 299 元或 799 元。这种交付方式不仅需要领读，还要有陪伴、改变的环节。

如何招募学员？

（1）渠道一：自己的朋友圈

在朋友圈发布线上海报，海报内容包括课程主题、书籍、时间、形式等信息。如果你没有做海报的能力，可以寻找设计师或者使用在线设计工具，如 Canva 等。

（2）渠道二：与好友一对一沟通

有时好友看到海报，他们自己也有与你同样的问题，但就是少了点下单的动力。这时你与好友一对一沟通，就更容易让他们为知识付费。在与好友沟通时，尽量了解他们对读书会的兴趣和需求，详细介绍课程的价值，如可以解决的问题、课程的形式等。为了增加好友报名的意愿，可以提供一些优惠。在沟通中，尽量保持联系，了解对方的学习进展和反馈。

（3）渠道三：直播＋短视频

直播可以面向更多的人，它打破了你有限的圈子，也是一种占用社会资源的途径。如果你放弃这种方式，那你就浪费了社会资源。

一开始，直播对你来说不需要太过正式，用你的手机就可以开启直播，通过直播的方式招生。

读书会交付

①**先创建一个社群，举行开营仪式**，可以以群公告的形式开营。如果一场线上读书会只需要付费 19.9 元，那开营仪式就会相对简单些。

②**可以使用腾讯会议分享、录制**。一场线上读书会的流程包含以下环节。

开场：问候大家，说明自己为什么举办这场读书会。例如：这本书是如何让你心动的？是如何帮助到你的？它对小伙伴们有哪些启示？

讲解读书会内容：通过 PPT 的形式，为大家逐一讲解本次读书会的重点内容。

结束：对大家表示感谢，拍照，用于发朋友圈，把你现在做的事转发出去，让更多的人了解并加入你的读书会。

学员回访与课程复盘

回访学员的目的在于，分享环节可能无法解决每位学员的问题，但结束后与学员联系，可以深入了解他们的需求，还可以将这些案例作为咨询文案。为了保护对方的隐私，可以征求对方的同意并对其姓名等信息进行打码处理。

课程复盘才是最重要的。开始做读书会的目的就是提升自己的专业素养，优化课程。不论初始水平如何，重要的是每次读书会都能取得一定的进步。以同一本书为例，举办10次读书会，每次都提升一点，课程质量就会不断提高。

　　当内容达到较高水平时，你就可以适当提高定价，并投入更多时间和精力提供更好的服务。

　　我在实操过程中积累了丰富经验。从发现一本好书，到迫不及待地想要分享给他人，我需要准备好分享的内容，确认时长以及便于他人理解的呈现方式。从低价开始，慢慢打磨课程内容，提高课程价格。前面的工作准备好后，就可以开始招募学员，举办读书会。通过回访学员，进行课程复盘，不断迭代优化。

　　始终让我感到振奋的是，每本书背后都蕴藏着高手的智慧。希望读到这篇文章的人，也能站在巨人的肩膀上，看到黑夜中的灯塔，照亮自己的人生道路！

读书会创始人

在拆书帮的三年里,我不仅通过这3张便签阅读了很多本书,并且能够将书中的方法运用到生活和工作中。此外,我还组织了近百场拆书活动,让更多人受益。

3张便签、1套流程,搞定60分钟拆书活动

■ 千户

拆书法教练
RIA学习力认证导师
OH国际认证引导师

作为一个喜欢读书的人，是否读了很多书，但感觉记忆并不深刻，生活也没明显改变？作为一个创办过读书会的人，你是否发现参与者更多的是在现场充满激情，结束后未能付诸实践？如果这些问题恰巧也是你的问题，那么我的经历和建议也许能为你提供一些启示。

我和拆书的缘分

曾经的我并不是一个喜欢看书的人，大学期间光顾着谈恋爱和玩耍了，工作的前五年也只看了余华老师的2本小说《第七天》和《活着》。直到我在网上无意间看到了彭小六老师，这位简书一哥令我深感敬佩。他不仅早起，还带领大家读书。天性好奇的我就想看看这个老师是怎么做到的，于是我买了彭小六老师的课程和书籍。但很惭愧，我只读了一本书，每次读5分钟书就会犯困。

故事到这里还没结束，虽然我不爱看书，但我听直播呀！每天只要小六老师一开播，我就会听一听，俗称"磨耳朵"。在听直播的过程中，我学会了很多知识，受益匪浅。也正是通过直播，我被彭小六老师种草了拆书帮，我幻想着自己将来也能成为像彭小六老师一样有影响力的人，带着这个愿景，我加入了拆书帮。

拆书帮是一个严格的社群，想要成为拆书家，就必须先经历一个月的魔鬼训练，再逐步提升拆书法技巧。不知不觉，我在拆书帮也已经快三年了。看到拆书，你会想到什么？把书撕开，大卸八块？

拆书法，源于赵周老师的《这样读书就够了》，也叫 RIA3 张便签法。这一方法的核心在于三个关键元素：**理解、关联、应用**。通过拆书法，读者可以提炼书中的关键信息，然后将其应用到实际生活中。拆书家是一群擅长运用拆书法举办读书活动的人。拆书帮则是汇聚拆书家的社群。

在拆书帮的三年里，我不仅通过这3张便签阅读了很多本书，并且能够将书中的方法运用到生活和工作中。此外，我还组织了近百场拆书活动，让更多人受益。

我们先来看看这3张便签到底是什么。

3张便签是什么？

第一张便签：R便签（Reading）。

这是拆书法的第一步。在阅读过程中，挑选出书中的精彩片段，摘录到便签上，片段的内容不需要太长。这些片段可以是你认为很重要的观点、精彩的故事或者实用方法。

第二张便签：I便签（Interpretation）。

在这一步，你需要用自己的语言对摘录的片段进行解释和表达。当你能够用自己的语言把它讲出来，就能把它逐渐内化成自己的知识。这里要注意，讲的时候一定不要偏离主题。

第三张便签：A便签（Appropriation）。

这一步，你将思考如何将书中的观点、故事或方法与你的生活、工作或学习相结合。总结自己过往的经验，规划未来应用。例如，当你从片段中联想到以前失败的案例，就可以反思一下当时为什么失败了；未来如果遇到了同样的问题，如何运用片段中的方法来解决。同样，当你从片段中联想到以前成功的案例，你可以用片段中的方法来总结成功的经验，以便未来分享给其他人。

以上就是3张便签的使用方法。

我问大家一个问题，为什么使用便签而不是用A4纸或者小本子？你可以先思考一下，再看我给出来的答案。

我们可以先来想一想，如果你看完一个片段后，需要在一张A4纸上写下你的观点或想法，会不会感到头疼？这么一张A4纸，我得写2000字吧，压力一下就来了。如果换成一张便签纸，压力不就小了很多？只用50个字就能将便签写满。便签的优势在于：**首先，便签迫使你在有限的空间内提炼和归纳信息**，只记录重要的内容，精练表达，减少信息冗余；**其次，便签足够小，意味着输出也少，有助于减轻你在开始练习时的压力。**

通过3张便签的应用改变自己的阅读习惯后，我们来看看3张便签在组织一场拆书活动中的妙用。

1 套流程搞定一场读书活动

当你阅读时，已经能够熟练运用便签法，你就可以尝试用它来举办读书会了。每一场活动用3张便签带领大家共同学习一本好书。具体怎么来做呢？

（1）开场互动破冰环节（15分钟）

参与者都来到现场之后，可以使用三个标签法进行自我介绍，以消除陌生感，让大家更好地了解彼此。举个例子："我叫千户，我的第1个标签是一名三级拆书家，我的第2个标签是OH卡引导师，第3个标签是DISC认证讲师。"如果参与者众多，可分成小组进行自我介绍。

（2）活动介绍（3分钟）

在这个环节，你需要向参与者简要介绍本次读书会的安排，包括参与方式、注意事项及活动结束后提供的福利等，让大家了解活动流程并有所期待。

(3) 图书介绍（2分钟）

简要介绍本次读书会的图书，以及要解决的问题和主题。可以使用FAB图书介绍法。

F（特征——Feature）：介绍图书的主要内容、写作方式和阅读体验等。

A（优势——Advantage）：阐述图书的优势、选择理由及与其他图书的优劣对比。

B（益处——Benefit）：说明通过学习这本书，可以解决什么问题，得到什么好处等。

(4) 主题片段阅读和讲解（15分钟）

在介绍完图书和主题后，将打印好的拆页片段分发给参与者，给大家5分钟的阅读时间。阅读结束后，进行该片段的I便签讲解，可以使用3W1H的方法来介绍。

What（是什么）：解释片段介绍的方法或观点。

Why（为什么）：说明方法或观点的重要性，以及如果不用这个方法会有什么问题，用了这个方法能够解决什么问题。

Where（适用范围）：指明片段中的方法适用的场景和不适用的场景。

How（怎么做）：详细说明方法的具体操作，并通过案例帮助参与者理解实际应用。

(5) 小组内互相分享关联经验（10分钟）

分享环节是拆书活动的亮点之一。参与者也会在这个环节中获得很高的情绪价值。在你讲解完片段内容后，引导参与者在小组内分享自己曾经遇到过的和片段比较贴合的案例（失败案例或成功案例都可以）。这种分享有助于参与者更好地将所学知识与个人经历关联起来。

在组内分享交流结束后,可以邀请1—2名参与者向所有人分享。通常,这个环节大家往往会讲自己的失败案例,现场的氛围会变成小型吐槽会,大多数时候是很欢乐的。

(6) 规划应用互动(10分钟)

进行到这一步,现场的氛围通常会非常轻松和愉快,但我们的目标是确保参与者能够将学到的知识应用于自己的实际生活中。为了实现这一目标,拆为己用,这里提供两种有趣的互动方法,以激发大家的兴趣并增加他们的参与度。

方法一:角色扮演。

在这个互动环节中,我们引导参与者进入一个和所讲片段相关的案例场景,场景尽可能生动详细,与大家的生活相关。现场的参与者扮演场景中的角色,运用所学方法解决问题。小组内排练好后,将有机会在现场表演。这种方式会增加互动的趣味性,让参与者能够更深入地体验所学内容。

方法二:剧本演练。

每位参与者都化身资深编剧,创作一个小剧本。这个剧本包括人物、时间、地点、起因、经过和结尾。在剧本演练的过程中,也需要运用所学的片段方法。

(7) 总结回顾(2分钟)

恭喜你,活动已经接近尾声。作为读书会创始人的你,可以松一口气了,对今天学习的内容做一个简单的回顾和总结即可。这一步骤的时间不要太长,主要包含三部分:总结本次活动的关键内容,对参与者的分享和互动环节进行点评和反馈,并感谢大家的热情参与。

(8) 参与者反馈(3分钟)

本场读书会结束后,鼓励参与者写下便签反馈。这些反馈可以针对领读人、主持人以及其他现场参与者，提出对活动的宝贵意见。便签通常分为两个部分。

"苹果"：参与者写下本次活动的出色之处以及欣赏的方面。

"洋葱"：参与者指出活动需要改进之处及建议。

一个小时的读书会就这样顺利结束了。如果你的时间宽裕，可以重复上述4至6步，进行多次相关主题讨论。

以上就是运用3张便签1套流程开展拆书活动的全部内容了。

最后，我想用拆书帮的核心价值观来结束本文，也希望看到全国各地的读书会百花齐放。陪伴赋能、拆为己用、反求诸己、持续精进、共同成长。这五个核心价值观将成为我们不断前行、不断进步的动力，帮助我们更好地理解和应用所学知识，创造更多的阅读奇迹，也期待在全国范围内看到更多蓬勃发展的读书会。让我们一同在知识的海洋中不断前行，相互启发，携手成长。

> 无论如何，想要办好一场读书会，想的绝对不仅是眼前的这一场，而要关注未来更多场次的筹备。

读书会创始人

如何开展一场读书会？

■ 锐斌

技能人才培养评价专家
DISC 线下工作坊授权讲师
绩效改进顾问

如何让一场读书会变得有趣？这是一个有意思的话题。怎么说呢，在大多数人的印象中，准确地说，对大多数喜欢读书的书友而言，读书本身就是一件非常有趣的事，感到无趣的大多是不爱读书之人。在如今信息繁杂的时代，大量的数据涌入工作和生活之中，捕获关键信息变得愈发困难，慢慢地，人们觉得时间越来越不够用，而传统读书的方式会让人们觉得耗费时间，且随着各类知识传播平台的兴起，人们的选择变得更灵活了，只需一台手机便可随时随地阅读，甚至通过手机听书。

那如何让读者参加读书会，关键在于如何激发其意愿加入读书会（找到其读书的目的）。"读史使人明智，读诗使人灵秀，数学使人周密，科学使人深刻，伦理学使人庄重，逻辑修辞之学使人善辩。"这是培根在《论读书》中的经典阐述。由此判断，读书不仅能获取知识，还能带来获得感。基于此，想必会吸引更多的人参加读书会。

切入价值核心，捕获目标需求

无论读书会以什么样的形式举办，书都是基点，选择书籍可以从当下热点、现实痛点等大多数人关注的内容出发。例如，对于家长来说，如何提高孩子学习成绩、如何改善做作业拖拉等话题，都是大多数父母关注的内容；而对于职场人来说，提升人际关系敏感度、快速掌握知识技能、升职加薪，这些都是职场人关注的焦点。

针对不同的目标人群，需要选择不同的主题，因此，选择什么书，这里大有学问。有两种思维方式可供参考：产品思维和用户思维。

产品思维是从生产者的角度看待产品的思维方式。简单来说，就是读书会能给读者提供什么。例如，某位组织者最近看了一本书，觉得书很不错，想分享给大家，于是他组织了一场关于这本书的读书会。

用户思维则关注消费者对读书的期望，旨在了解他们希望获得的知识、能力等。要想精准捕获目标对象的需求，关键在于分析自身圈子的对象类型，包括职业、性别、年龄等特征，进而得出圈子画像，从而找到对应的书。

乍一看，两种思维相互独立，用户思维关注目标对象需求，而产品思维则基于组织者自身所能提供的内容。其实，我更推荐将两者结合起来。这样就能充分考虑不同目标对象的需求，也只有这样，才能系统全面地做好每一场读书会，否则就容易陷入为了做读书会而做读书会的困境。

解决现实痛点，增加参与人数

在实际组织读书会时，承诺参加的人很多，但实际参与率不如人意。原因在于生活和工作中的各种干扰因素，如突如其来的外出公干、照顾小孩无法抽身等。如何能最大限度地提高参与率，确保读书会的顺利进行，成为关键问题。

前面我们提到了如何分析圈子画像。当圈子画像清晰时，我们可以根据画像人群特点来选择合适的时间举行读书会。对于职场人而言，显然周一和周五不太合适，因为通常这两天要开周例会或总结会。周二至周四的晚上 7 点后，或者周六、周日则是比较好的选择。反之，对于全职妈妈、爸爸而言，工作日晚上和周末则不是一个好的选择，更合适的时间则是工作日的上午 9 点以后和下午 4 点之前。

我们通常认为举办一场读书会必须选择在线下,其实不然,在过往的企业内训中,我们发现大多数员工喜欢线下集中式培训的原因是他们认为可以与老师和学员进行更多的互动。当然,还有就是能通过一场集中培训,加深彼此之间的关系。当新冠肺炎疫情来临时,越来越多的企业转向线上培训,也创造出五花八门的互动形式。因此,线上形式也是一种比较好的选择。**无论是线上还是线下,两者之间并不存在对立关系,可以把两者结合,部分人员在线下,另一部分人员在线上,从而打破隔阂。**

选择合适场所,规避外部影响

选择读书会的场所很重要,它直接影响到读书会是否能圆满举行。以下是一些关于选择场所的建议。

读书会需要一个安静、舒适的环境,最好设在一个幽静、雅致的空间,让大家彼此感受到休闲愉悦的氛围,这样有助于参与者更加专注于阅读和讨论。同时,还要考虑一些活动区域,以便开展互动讨论和趣味活动,建议选择小型会议室、培训室、咖啡馆等地方。读书会进行时,还可以播放一些舒缓的音乐,帮助参与者沉浸于读书的乐趣之中。

如果是线上读书会,可以选择书房、小型会议室、直播室等安静的环境,以便组织者和参与者在线上交流时,不受外界的干扰。当然,如果是线上线下相结合的方式,那就取两者相同之处。

丰富活动方式,激发目标对象的兴致

通过上述方法,引导目标对象走出第一步,参与到读书会当中。

接下来，如何激发他们的兴趣并持续高能地参与活动变得尤为重要。

我们知道，大多数人独自思考时，思维的创造力是有限的，且多半匮乏。大家有没有遇到过这样的场景：读了许多书，但是不知道该怎么分享。第一次参加读书会，社恐的我被点到怎么办？别人努力地分享，我却觉得讲的那些内容跟我没关系。因此，如果能让大家都乐在其中，才是一场成功的读书会。

我参加过一个活动，参与者来自各行各业，彼此之间好像毫无关联。组织者在活动前把较为活跃的人分插到不同的小组中，旨在调动各组气氛。另外，组织者让参与者在一张白纸上描绘自己的手掌，随后让大家在手掌的五指处写下姓名、出生地/常住地、职业、爱好和标签。最后，小组成员将各自相同之处用笔连成线，神奇的是互不相识的组员因为某个关键点而连接在一起，就这样，开场即调动了大家的积极性。

除了上述介绍的活动开场方式外，其实还有很多别的方式，如自我介绍接龙、记名字等，以及很多有趣的互动游戏。无论哪种游戏，其目的都是让参与者能够全身心投入到活动中。

组织架构灵活，保持活动活力

一场读书会的结束并不意味着完结，我们应该保持活动的可持续性，这就需要设计出灵活多变的组织架构。通常组织一场读书会需要组织者、主持人、分享嘉宾等核心角色，而运营好读书会则需要增加更多的角色。宣传者，负责每场活动的组织推广，宣传能增加人气和影响面。记录者，每场活动的交流都是有意义的思维创造，理应整理记录，便于分享与传阅。以上所讲的角色并非由1人固定担任，可轮流担任，这样就能让更多的人参与其中。

很多时候，组织者在举行一场读书会后就结束任务了，其实，还可以考虑加上其他的活动，好玩、好吃、好看或者好听的活动都可以，如野外露营、烧烤聚餐、剧本杀、看电影等。这些新奇好玩的活动，可以让参与者感到惊喜和乐趣，觉得这是一次不一样的体验之旅，大大提高了参与者再次参加的积极性。

另外还可以通过建立不同的联系，增加读书会的社交属性价值。例如，通过读书会联结讲师与企业内训管理者、亲子教育专家与父母等。基于读书会的社交属性，扩大参与者的社交半径，从而认识不同行业、不同领域的人。

无论如何，想要办好一场读书会，想的绝对不仅是眼前的这一场，而要关注未来更多场次的筹备。这样，你才能清楚了解所需资源、组织架构、活动形式以及运营规则等方面的内容。

读书会创始人

举办读书会,对普通人来说,是一种零成本、易上手且能取得成果的最优路径和最实用的工具。

掌握五步法,新手也可以轻松策划读书会

■ 杨小丫

国际热情测试指导师
人生自信力指导师
天赋解读疗愈师

"你在国内声誉卓著的商学院工作了近十年,学员都是业界精英,为什么选择走上疗愈之路?很多人都在教授向上管理,而你有行走在大佬身边的天然优势,为什么会心仪读书会?"

商学院是有业界盛誉的"黄埔军校"、莘莘学子的摇篮、顶级资源的汇聚地,这些都是外人眼红的光环,可只有我自己深知,"心底的诗和远方"从未写就和抵达。尽管从职场新人成长为独当一面的专家,全年奔波于各地,赢得了大多数人的尊敬,我仍听到了内心不甘的呼唤。经历了一些高光时刻,在组织年度重量级行业峰会、策划百场高端企业家课程班级活动、近距离接触家族财富巨头时,我取得了阶段性成果,然而,疫情导致培训停滞,至暗时刻的降临,如感情全情投入却无果、至亲突然离世、工作中不可调和的冲突与矛盾等,让我逐渐意识到工作的光环并不是我真正追求的。正是持续参加读书会,让我逐渐找到了内心真正的使命。**我希望激活人们内在的天赋,启发生命热情,帮助每个人找到独特的成长方式,提升内心自信,最终实现自我疗愈,绽放天赋。**

读书会是普通人逆袭的最优路径和最实用工具

在五年的时间里,我从刚开始"找自己"时的迷茫,到现在"做自己"的笃定,得益于坚持参加读书会。通过学习、行动、分享,不断提升自己,结识了许多志同道合的伙伴,向有智慧的老师学习。也正是通过读书会,我一步步走上了疗愈之路。**我开始阅读相关书籍,以解决工作和生活中的困扰,排解内心无处释放的情绪,寻找治愈心灵的办法,找到解决问题的方案。** 现在,读书会已经成为我生活中不可或缺的伙伴。

举办读书会，对普通人来说，是一种零成本、易上手且能取得成果的最优路径和最实用的工具。在我不断向内探索的道路上，我也见证了身边很多朋友因读书而实现飞速成长：有伙伴通过读书治愈了产后抑郁症；有伙伴通过和朋友一起组团读书，共同学习情感沟通技巧，各自从单身许久转为找到了心仪的另一半；有全职宝妈通过分享读书心得，带领更多宝妈一起读书成长，进而举办读书会、进行知识分享，实现了从读书到出书的跃升。在工作中，我的职责之一就是组织有意义的班级活动，增强同学们之间的联系，增强班级的凝聚力。在部分班级试行了线上读书会，不仅带动了整体的学习氛围，同学间也通过读书敞开心扉，分享与共创。这也使得他们对学校产生更强烈的归属感。

新手从零起步做读书会，如何突破心理防线？

很多人面临想举办读书会，却迟迟无法开始的困境，通过访谈践行读书会的榜样以及与有类似问题的伙伴进行一对一沟通，我总结了以下3个较为普遍的自我限制性因素。**第一，过度的自我评判**。例如，"我不行"（自己本来就不是读书的料，现在要组织读书会，我没有信心）和"还不够"（相较A某一年阅读100本书，自己的阅读量不足以举办读书会）。**第二，过度关注结果**。锚定偏航，以至于看到的困难多于方法，从而忽略了自己原本应该努力的方向。**第三，目标不够聚焦**。过度随波逐流，跟随市场热点与机遇，但对自身初衷和目标不够明确。

信念通常会成为自我实现的预言,如何将限制性信念转化成行动力,将自我否定转变成自我驱动,实现举办读书会这一目标呢?首先要设定清晰的意图。在每一次读书和举办读书会前,预设完成时的状态,场景化体会完成时的感受,诸如喜悦、快乐、充盈等。其次,要不断给予自己积极的心理暗示,尤其是形成一个专属的自我肯定语,搭配专属手势,例如,"我真的很棒",适时对自己竖起大拇指。最后,尽可能地找到自己的同盟军,即那些和你有相似目标或无条件支持你的伙伴。他们在你前行过程中提供支持、鼓励和正向的反馈,也是你强大的后援团和啦啦队。

新手从零起步策划读书会的五步法

一旦克服了自我限制的障碍,自信心便会提升,接下来就是具体的实操方法。对于新手而言,践行"先完成,再完美"的原则至关重要,毕竟亲自尝试一遍的效果远胜于听人讲 100 遍。结合我在组织培训中调动学员积极性和策划活动的经验,我把新手策划读书会的方法总结为以下五个步骤,并搭配可实践应用的工具。

第一步,明确读书会的定位。对于新手而言,选择 1 个感兴趣的领域和 1 本相关图书即可,不要给自己过大的压力。能起步,能开始,就是胜利。对于进阶的伙伴,为了增强读书会的沉浸感和趣味性,可以通过设计和主题相关的角色,尝试用角色扮演引导参与者融入情景,增强参与者的互动性。这里可以尝试的工具有融入牌卡(如 OH 卡)、融入主题手册、卡纸、彩笔等。这些工具可以从视觉上给予参与者身临其境的感觉,调动参与者的感知力,尽可能地贴合举办读书会的目标。

第二步，确定自己读书会的形式。对于新手来说，"简单领读＋带领共创"的模式比较容易上手，从而减轻带领者的心理负担。简单领读，需要挑选出 3 个领读人认为重要且和主题相关的内容。在带领共创的环节，邀请每一位伙伴围绕同一主题，分享书中的 1 个观点及个人感悟。如果有难度，最简易的方法就是邀请分享者结合主题或者领读人提出的 3 个内容之一进行分享。在分享结束后，领读人可以进行点评，呼应主题。如果不会点评，也不必担心，只需要给予分享者充分肯定，表达对他们的欣赏。记住，永远给予正反馈，时刻锻炼"发现对方闪光点"的能力。

前面两步是地基，在这阶段，特别对于新手来说，选择自己热爱的方向和内容很重要。另外，也需要筛选书籍，选择大众接纳度相对较高的书籍。把握好这两点，就离成功迈进了一大步。

第三步，宣传。对新手而言，向身边的朋友和有信任度的伙伴发出邀约是最容易上手的。如果希望影响陌生人，可以借助朋友圈找到对计划共读主题感兴趣的伙伴，或者寻找有阅读习惯的伙伴。这里要强调的是，前期如何让自己没有负担地开始最重要，选择让自己舒服的方式，让共读活动逐步升级。海报设计推荐搞定设计 App，里面有很多模板可以直接拿来用。小红书也是一个搜索海报设计思路的不错的平台。

第四步，执行。线下的效果肯定优于线上，但考虑到场地、成本等诸多不确定因素，新手朋友可以从线上社群＋腾讯会议直播开始。如果还是抵触，可以用录播＋文字分享的形式，推荐使用千聊 App。如果担心自己线上直接内容输出困难，可以列好逐字稿。如仍觉不便，可以从分享书中的知识点和可践行的行动清单开始。从持续输出，过渡到线上 1 小时共读，再逐渐增加时间。新手可在行动的过程中，观察自己的特长，放大自己的优势，不断迭代。

第五步，复盘。行动后如果没有及时反思，那提升的空间将会非常有限。复盘不仅是对整体流程、现场把控、个人感受等方面的回顾，还可征集参与者的反馈，梳理经验，并结合反馈制定下一步优化计划。这里要格外关注的是，改变我们能改变的，关注我们每一次微小的进步，只和自己比较，不断进步。

第六步，要相信相信的力量。成功之人都有相同的特性：认准目标、持续行动、反思迭代。遇到困难时，寻求解决办法；遇到不懂的，就向取得成果的人学习。这本书聚集了许多优秀的读书会榜样人物，紧跟书中拆解的方法不断实践，一定会收获超出预期的成果。

作为自我探索路上的践行者，我擅长挖掘天赋优势，点亮内在生命热情。尽管我也是组织读书会的新手，但我热爱分享，不断学习。如果你也想找到最适合自己的读书会形式，或者刚刚开启读书会之旅，渴望找到盟友，欢迎同我一起践行。我始终相信，越分享越敞开，越敞开越富有。希望读到此篇文章的你，也能借由读书会，开启属于自己的新篇章。

在此，特别抽取一张天使能量疗愈卡，助力看到此文章的你顺利举办自己的读书会。抽到的天使卡是"爱瑟瑞尔"，他的关键词是"安慰"。他说："在你需要的时刻，我与你同在，协助你的心疗愈。"卡片提醒我们：初心要源于热爱，切忌过度自责，将生活重心转移到快乐的事上。应用到读书会上，请相信自己可以策划成功的读书会，并将这份信念传递给每一位参加读书会的伙伴。

举办这类主题鲜明、目标明确的读书会，尽量通过定向邀请的方式，通过筛选参与者来保证节日当天现场的效果，然后再借势、造势，把这一场读书会的影响力尽可能地最大化。

如何用 DISC 模型设计读书会？以 3·8 女神节主题读书会为例

■ 昝翠

奇妙原力文化公司创始人
家庭教育指导师
OH 卡心理咨询师
资深房产咨询师

什么是 DISC 模型？

DISC 模型是美国心理学家威廉·莫尔顿·马斯顿在《常人之情绪》中提出来的一个理论原型，他被誉为"测谎仪之父"，还创作了"神奇女侠"这个漫画人物。

在 DISC 模型中，有两个维度：关注人或事，以及反应快或反应慢。对这两个维度进行组合，就能得出 DISC 四种类型（见下图）。

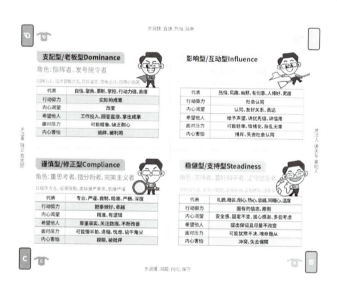

目前，DISC 模型已经发展成为全世界使用最广泛的评测模型和工具。除了在企业招聘和管理中参考 DISC 模型以提高人岗匹配的准确率和降低用人试错成本外，有些教育机构还将 DISC 模型应用于教学，采用 I+S 循序善诱、因材施教的方式激发学习者的热情，提升教学的质量。此外，在日常工作和生活中，我们也可以运用 DISC 模型了解自己的行为风格，增强自我认知；同时，也可以识别他人的行为风格，提高沟通、管理效率以及领导力。在不同的情境下有意识地调整自己的行为风格，运用"凡事必有四种解决方案"的思维方式，与他人建立更有效的关系。

那 DISC 能不能用来办一场读书会呢？答案是肯定的。

如何用 DISC 模型设计 3·8 女神节主题读书会？

（1）D：读书会的目的和主题是什么？

目的：借书香关爱、陪伴女性，找到志同道合的读书闺蜜。

主题：以书为伴，爱自己，是终生浪漫的开始。

当"三八节"被铺天盖地的广告和营销文案影响后，仿佛女性过这个节就只剩下"买买买"。很多女性因为"买买买"而产生了很多不必要的负面情绪：抱怨另一半没有表示，感叹自己单身，不配享受关爱，对没有真正走心的关爱感到失望。

如果我们的客户和会员以女性和孩子为主，我们可以设计一场以书为名的"轻读书会"。为什么说"轻"？是因为它可能更像一个主题沙龙。毕竟在这个节日里，女性们想要的更多的是情感上的满足，即真正感受到被关爱、有人陪伴。这场读书会要具备以下要素：当天有可以发朋友圈的"高颜值"素材、动心的环节、意外惊喜、迫切想参加下一次的期待。希望这些女性摆脱琐碎的日常，展现她们的独特魅力，也希望唤醒她们内心的诗意和浪漫，要达到这样的效果，这场读书会就需要用项目管理的思维去设计。

如何保证读书会呈现完美的视觉效果？

①**人**：提前沟通，提醒参与者穿美美的衣服、化美美的妆，没有一个女性会拒绝自己被拍得美美的。

②**场地**：除了考虑到常规读书会需要的匹配参与人数的空间外，还需要尽量挑拍照能出片的场地，如室内可以找能办沙龙的书店、咖啡厅、酒店大堂、美容会所等（参与者如能提供相关资源，能大大降低成本），室外可以去公园、湖边等可以摆放露营设备的地方。

③**道具**：宣传海报中可以预先告知大概的活动流程，提醒每人携带一本想推荐的书。

④**摄影**：在无法配备活动专职摄影师的情况下（有肯定是最好的），可以挑一个平时比较会拍照的人来拍，会拍照的标准是会挑角度、看光线、美颜修图等。实在不行，可以借助能拍出美照的工具，如 vivo 等自带美颜功能的手机，稍微注意一下角度就能拍出很好的照片。苹果手机的人像模式、背景虚化等功能都可以用起来。核心就是拍出来的照片要美，要给参与者一个愿意发朋友圈的理由和素材（如何保证读书会有心动的环节、意外惊喜、迫切想参加下一次的期待，后面 C 部分会详细拆解）。

(2) I：影响谁——特定的女性会员/客户

举办这类主题鲜明、目标明确的读书会，尽量通过定向邀请的方式，通过筛选参与者来保证节日当天现场的效果，然后再借势、造势，把这一场读书会的影响力尽可能地最大化。否则，很容易导致参与者水平参差不齐，不仅影响大家的体验感，同时也会浪费一次品牌力的展示机会。如果参加的人里面有职场高管女性，又有与社会有些脱节的全职宝妈，这就对组织者的设计能力要求比较高。很容易在分享的环节，宝妈的心理落差比较大，不敢说或羞于说，最后对这个活动，甚至对自己全职在家的选择产生不良情绪。如果参与者里有职场高管女性，虽然邀请的是全职宝妈，但她喜欢参加社会活动、不断学习成长、认知水平较高的话，就不会有太大的影响。或者，直接全部邀请全职宝妈，也是可以的，具体看组织者当下的需求和目标。

(3) S：如何让参加者体验感更好？

"三三得久"原则在这里得到了巧妙的应用。签到、互动、收尾三大环节，巧用 3 大道具，设计 3 个超预期爆点，让参加者有新奇感、重视感、收获感、期待感以及分享欲，让主办方能长长久久维系与客户的关系，同时也让参与者之间借此次读书会的契机，产生长久的联系，为客户打造一个优质的社交圈。

①**签到环节：1 种创意签到形式**。例如，1 棵树的指纹签到表。准备彩色印泥，每个签到的人选择自己喜欢的颜色，在树枝上印上自己的指纹，可以多次印。指纹看着像树叶，随着人到得越来越多，整棵树也越来越枝繁叶茂，看着非常漂亮，寓意也非常好。

②**互动环节：1 个有助于增加彼此好感度和辨识度的互动游戏**。例如，开场的时候，在主持人讲完读书会的主题、流程和安排后，通过流程设计，可以邀请大家闭上眼睛听一首贴合主题的、走心的歌曲。当大家睁开眼睛的时候，看到一朵向日葵摆放在面前，主持人邀请大家把鲜花赠送给坐在自己旁边或对面的人，并说一句"女神节快乐"，再互相简单介绍一下自己，聊两句；或者可以在接近尾声的时候，玩一个接力感谢游戏"感谢现场的谁及原因"：A 感谢 B 及原因，B 再感谢 C 及原因，以此类推，A 最后被感谢。

③**收尾环节：1 个有延展性的游戏，让大家离开现场还能有联结机会**。例如，每人发一张彩色卡纸，写下自己参加完读书会、获得启发后将要做的一个"最小化行动"，将写有行动的卡纸折成一个纸飞机，大家一起将纸飞机投出去。纸飞机落地后，参与者随机捡起其中一个纸飞机，捡到的人就是这个行动的见证人，负责在接下来的时间督促行动者完成所写的行动。

(4) C：书香女神节读书会 SOP 如何呈现？

1 个超预期创意签到与收尾、2 个走心互动分享（如分享近期的

1个成长或启发、分享1本最想给大家推荐的书及理由)、3个分享关键词(每次分享5分钟,最多讲3个关键词)。

具体活动设计及流程SOP如下图所示。

书香女神节"爱自己是终生浪漫的开始"项目管理

项目事项	管理事项		
	板块关键任务		设计关键点
活动设计	DISC	D:目的主题 I:影响人群 S:强体验感 C:丝滑流程	设计嘉宾认识、收获、表达、分享环节 有新奇感、重视感、收获感、期待感、分享欲
	流程SOP123框架	1个超预期签到、收尾 + 2个走心互动分享 + 3个分享关键词	
具体流程	创意签到	15—30分钟	创意新奇+超预期 1棵树的指纹签到表,彩色印泥
	暖心破冰	10分钟	暖心、初相识 (例如,每个人向右边的人介绍自己的名字,并说:"女神节快乐!辛苦了,让我为你捶捶肩!"帮右边的人按摩一下肩膀,再左转,对左手边的人重复这个动作)
	正式开场	10分钟	介绍本次读书会的价值、意义、流程、安排,PPT+口号 例如, 女神相聚——爱自己是终生浪漫的开始,女生节快乐!拍照、拍视频
	走心分享1	每人5分钟, 30—40分钟	有感而发、给表达机会、及时记录并积极回应反馈 (尽量3个关键词,过程中组织者需总结现场金句) 女神盛开——创意自我介绍+近期启发、感触分享
	走心分享2	每人5分钟, 30—40分钟	好书推荐+理由 (尽量3个关键词,过程中组织者须总结现场金句和推荐书目)
	1个有延展性的游戏	5分钟	增加后续联结的频道 (如:我的纸飞机)
	复盘-分享输出	—	及时对活动进行复盘和内容输出,记录分享现场的金句和好书推荐目录,沉淀过程资产
参与者	读书会活动价值梳理	—	把握每一次和客户联结的机会 了解客户、熟悉客户、和客户做朋友
	筛选目标参加者(6—8人)	—	
	设计见面、电话、微信、朋友圈和客户传递活动价值邀约参与	—	
	活动中记录关注参与者,反馈和记录兴趣、爱好、话题	—	
	结束后照片1对1发送并根据活动内容沟通	—	
会场	物料采购	—	客户体验感、利于拍照传播
	现场布置	—	
	活动过程组织及主持	—	配合创始人传递理念价值、把控节奏、让客户熟悉你
宣传	朋友圈宣传策划	—	在设计过程中,可制作出标准的朋友圈素材,敏感抓取可传播影响客户的宣传素材及内容
	宣传模板	—	
管理	读书会复盘	—	启动以客户感受度为中心 复盘以客户联结关系变化为中心
	后续支持	—	

在充分理解组织方的需求后，我们双方对读书会的整体安排、流程细节及关键点内容等方面达成了共识。此次读书会活动为期一个月，采用翻转课堂的方式进行。

以读促培——以某电力公司青年员工《高效能人士的七个习惯》读书会活动为例

■ **李李**（Lily）

高校 MBA 班主任
企业培训学习转化师
效能阅读践行者

2023年，我有幸担任某电力公司青年员工读书会的引导师，负责带领55位青年员工阅读公司新入职员工5年内必读图书——《高效能人士的七个习惯》。青年人才最富有朝气和梦想，是企业创新发展的生力军和突击队。国有企业通过加强对青年人才的培养，从源头上确保公司人才队伍的连续性，为世界一流企业的建设注入澎湃不息的新生力量。按照美国著名管理学大师史蒂芬·柯维博士的理论，人生划分为三个阶段，分别是依赖期、独立期和互赖期。七个习惯中，前三个习惯侧重自我约束，从依赖到独立，属于个人领域的成功；独立后才有互相依赖的基础，影响着后面四个习惯，从独立到互赖，属于公众领域的成功。从工作中的独当一面到协同提效，这是青年员工心态转变的关键。

在读书会开始前，我通过和人力资源部的几轮沟通，了解到他们对此次工作坊的期望是帮助青年员工不仅了解职场高效能员工的七个习惯，还能在实际工作中学会并应用至少一个习惯，实现自我管理的小幅提升。在充分理解组织方的需求后，我们双方对读书会的整体安排、流程细节及关键点内容等方面达成了共识。此次读书会活动为期一个月，采用翻转课堂的方式进行。

读书会线上启动会

第一步，达成读书会活动共识。

向55位青年员工就读书会活动目的、翻转课堂整体规划和时间安排做具体介绍，并将他们分成7个学习小组，每个小组内两两结为"国王与天使"学习互助对子。例如，第一组中的小A、小B作为国王与天使，共同读书、学习并监督彼此的习惯。

第二步，小组共同制定计划。

线上启动会结束后，采用抽签的办法，各学习小组开始共读《高效能人士的七个习惯》中自己抽到的章节。结合个人实际工作情况，小组成员在第一周制定个人行动计划，并在小组内进行分享。

以习惯一"积极主动"为例，小 A 期望扩大影响圈，为此制订了"扩大影响圈 21 天行动"微习惯实践计划，在组内分享后，将该计划交给小 B 保管与监督执行。

第三步，实践记录与分享。

小组共读结束后，从第二周开始，每位青年员工根据个人微习惯实践计划进行每日实践记录，每周在学习小组内分享个人实践结果、经验与感悟。

以习惯一"积极主动"扩大影响圈实践为例，小 A 每日进行"扩大影响圈 21 天行动"微习惯实践打卡，并每周在学习小组内分享一次个人实践情况与感悟。如果实践计划中断，处罚措施则由"国王与天使"学习互助对子自行协商。

读书会线下工作坊

在工作坊开始前一天，我们提前布置场地并做好前期准备工作。现场按照原定的线上分组情况，我们将 55 个座位分为 7 个小组，每组配备一块引导布。在活动开展当天，具体步骤如下。

第一步，简要回顾七个习惯。

回顾每个习惯的核心要点和关键观念，鼓励青年员工现场提问并探讨，确保他们对习惯的理解准确，没有疑问。

以习惯一"积极主动"为例，如果一位员工抵触新的情况或不愿意适应环境变化，止步于舒适区，就无法体现积极主动的核心价值。

第二步，七个习惯的成果梳理与探讨。

引导各学习小组总结七个习惯的行动实践成果，各自梳理应用习惯时存在的问题，并共同讨论改进方向和办法，寻找解决方案，最后将问题及讨论结果张贴在引导布上，作为工作坊产出的成果。

以习惯一"积极主动"为例，梳理出的问题是当员工承担一项新工作任务时，做多错多和缺乏沟通能力，导致难以获得更多团队支持与协作。

第三步，七个习惯的活动参与练习。

现场参与七个习惯对应的活动，鼓励学习小组讨论并分享活动的更多可能做法，以及思考日常习惯行动。

以习惯一"积极主动"为例，为提醒青年员工在日常工作中用积极心态对待每一件事，结合本次读书会线下工作坊的安排，现场引导每位青年撰写一张"积极主动"语言模式提醒卡，时刻提醒自己用正面、积极的方式表达和提问。除此之外，还引导青年员工将在工作坊学到的其他习惯运用到接下来一个月的实际工作中去，并制定下个月的微习惯实践计划。

读书会活动结束一个月后，在对人力资源部的回访中，我们了解到青年员工们回到工作岗位后，依然热衷于谈论七个习惯，有人在得到他人帮助时，会表扬对方积极主动的态度；有人通过运用"要事第一"的习惯，将工作分成了四个象限以提高效率；有人说知彼知己的习惯帮助他提升了团队协作能力。此外，青年员工们还继续保持着读书的习惯，并自发形成了一份"优秀青年图书漂流"共享书单，相互推荐优秀读物。

读书会创始人

亲子阅读的最终目的是培养孩子的阅读兴趣,父母不仅要讲故事,孩子还要学会思考和表达,并做出一系列的反应。亲子阅读最好加上一些互动环节,根据故事内容,组织一些体验性的活动。

家庭教育类读书会怎么做?

■ 美华

DISC 线下工作坊授权讲师

家庭教育指导师

图卡达人

每个家长都希望孩子能成为更好的自己,可是他们在日常生活中,往往喜欢催促和唠叨,不知道如何高效地陪伴孩子成长,以及如何培养孩子的能力和习惯。

我是一名5岁女孩的妈妈,在2021年半路出家学家庭教育,目前是高级家庭教育指导师和孩子的成长规划师。我边学习,边积累经验;边用学到的知识养育孩子,边用经验帮助更多的父母解除教育困惑。

在解答父母的疑问时,我发现大家最重视的就是孩子的阅读。孩子并不是不爱阅读,而是父母不知道该如何培养孩子的阅读习惯。于是,我开始组织亲子绘本读书会,以培养孩子的阅读兴趣和习惯。

在孩子的成长过程中,父母的高质量陪伴和正确的陪伴方式非常重要。在我从事家庭教育工作的过程中,我发现家长在孩子放假的时候,会带他们去游乐场或者公园,但当孩子独立玩耍或与父母说话时,父母却在旁边玩手机。

接下来,我将向大家分享家庭教育类读书会、亲子绘本读书会和儿童绘本读书会的内容设计。

家庭教育类读书会内容设计

(1) **了解用户**

① **了解用户的阅读习惯。**

父母要兼顾工作和家庭,他们白天在职场打拼,晚上回家照顾孩子、辅导作业。一天忙碌下来,父母们只想早点休息,为迎接新的一天做好准备。即使是全职父母,一天到晚陪着孩子,也会忽略自己的成长。闲暇时光,往往会选择刷视频、打游戏来放松自己。

因此,在举办父母读书会前,要了解父母们是否有阅读的习惯。既然父母要孩子阅读,自己首先要树立榜样,言传身教,以身作则。培养孩子的阅读习惯,家长要同孩子一起努力。重视阅读的家庭,才能培养出爱阅读的孩子。

在教育中,最可怕的是不读书的父母却要拼命育儿。那些关注自我成长的父母,才是孩子成长路上的良师益友。

②**了解用户的阅读方式**。

在这个世界上,还有许多热爱学习的父母。他们的学习方式各异,包括视觉型、听觉型和动觉型。在阅读方面,听觉型的父母喜欢听有声书籍,视觉型的父母喜欢看纸质书,动觉型的父母喜欢通过实践和体验来获取知识。

③**了解用户的阅读目标**。

阅读的目的多种多样,有几个常见的阅读目的:有人想成为某领域的专家,有人希望从书中找到答案,有人想培养自己的阅读习惯。

(2) **读书会设计**

这是我当时组织《如何培养孩子自主学习力》线上读书会的策划方案。参加读书会的伙伴都是家长、教育工作者和学习力教练。

本次读书会根据作者建议的"本书用法",将参与者分成三个角色,阅读相关章节,我用 10 天的时间带领大家共读(4 天根据自己的角色阅读对应内容、4 天补打卡机会、1 天开营仪式、1 天线上讨论和结营仪式)。

如何培养孩子自主学习力 本书用法　　　　　　　　加入书架　登录

本书用法

本书是写给父母看的，请不要直接扔给孩子。

本书有三种打开方式：

第一种是按顺序读，从第一章依次读下去。——如果你打算系统训练自己成为一名学习力教练，请用此读法。

第二种是倒叙读，先翻后记，然后读第16章【反求诸己】，再读第15章【学习共同体】……进而读完整个第四部分。——如果你觉得这些引导孩子的法子太多、太难、太烦，或任何时候读不下去了、想先放一放以后再看，请试试此读法。

第三种是把本书当字典用，从自己头疼的问题开始翻查，找到相关章节。读那一章，然后停下，想想自家的经验，规划自家的应用。先就一点行动起来，慢慢再读其他。

角色分类

学习力教练

(手把手指导父母自我成长，发现问题，并使用正确的方法培养孩子)

成长型父母

(父母与孩子共同成长，愿意付出努力)

牛人型读者

(发现问题，寻找答案，不急不躁)

每个角色读什么？

日期	学习力教练	成长型父母	牛人型读者
10月15日	阅读第一部分内容：学习兴趣带来内驱力	阅读第16章"反求诸己"	根据问题索引，看相关章节
10月17日	阅读第二部分内容：日常提升孩子的思维能力	阅读第15章"学习共同体"	根据问题索引，看相关章节
10月19日	阅读第三部分内容：父母能促进的科目积累	阅读第14章"终身阅读"	根据问题索引，看相关章节
10月21日	阅读第四部分内容：一生受用的成长习惯	阅读第13章"坚毅进取"	根据问题索引，看相关章节

我会跟大家讲解什么是重点及如何找重点，方便大家高效阅读。

重点是什么

是什么
- 概念
- 定义
- 区别
- 特征
- 分类

为什么
- 研究成果
- 案例
- 故事

怎么做
- 流程
- 步骤
- 方法
- 工具

一切你认为重要的内容

同时，我会为大家匹配这本书的知识卡片，当他们读到某段内容时，就可以拿出对应的卡片学习，有针对性地查找和回顾相关内容。不擅长找重点的伙伴，还可以对照着卡片的内容，快速定位到书中的相关内容，进行深入阅读和理解。

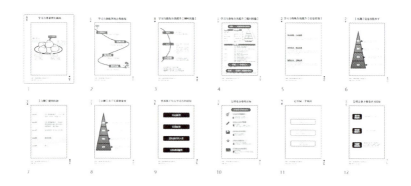

亲子绘本读书会内容设计

最好的阅读启蒙是从亲子阅读开始的，然而，大部分的父母是让孩子自己看书，家长陪伴在旁，或者父母将绘本逐字逐句读给孩子听，再告诉孩子书里讲的道理。

亲子阅读的最终目的是培养孩子的阅读兴趣，父母不仅要讲故事，孩子还要学会思考和表达，并做出一系列的反应。亲子阅读最好加上一些互动环节，根据故事内容，组织一些体验性的活动。

我曾组织过一场培养孩子自信心的亲子绘本读书会，参加读书会的人都是家长和孩子。

给大家提供一个简单的版本：

①自我介绍。

②由绘本阅读老师引入主题。

③用简单的物料制作手工，分享自己的作品，代入自己的角色。

④合影留念。

第一个环节，主讲老师要先做自我介绍，让家长和孩子们都认识

你。给孩子们做自我介绍时，主讲老师要为自己起一个比较好记的名字。例如，孩子们都爱看《小猪佩奇》，我就为自己取名"佩奇老师"。还有一些老师为自己取名"超人老师""JK 老师""美丽老师"等。向家长做自我介绍时，可以加上一些有成果的标签，如我从事家庭教育方面的工作，我是家庭教育指导师，如果大家在养育孩子时遇到了困惑，都可以找我咨询。

轮到孩子们和家长做自我介绍时，可以玩一些小游戏，因为第一次见面接触的时候，大部分的人不会主动发言。

当时我就采用了抛气球的方式，让大家围成一个圈，互相抛气球，同时我会播放音乐，当音乐停止时，气球落到哪个人的手上，哪个人就要做自我介绍。简单的自我介绍，包括姓名、年龄、爱好等信息。

破冰游戏还可以玩丢手绢，大家围成一个圈坐在地上。这时音乐响起，当音乐停止时，工作人员把手绢丢在某个伙伴身后，那个伙伴就开始做自我介绍。这些破冰的游戏有很多，大家可以在网上找一找。做完了自我介绍之后，我会播放一首歌曲《棒棒棒》，让孩子和家长们一起跟随歌曲唱跳，以此表扬他们在刚刚的自我介绍中表现出色。

第二个环节，由主讲老师讲绘本，爸爸妈妈带着孩子认真聆听，积极参与互动。如何讲绘本可以参考小红书上关于该书内容的详细讲解。

在这里就可以教一些阅读绘本的方法给家长了，也就是说，可以跟家长说，在给孩子阅读绘本时，并非仅仅照字朗读，要关注图片中的细节。同时，在阅读过程中，家长可以提出启发式问题，引导孩子观察绘本中的内容。

在绘本讲解之后，我们将进入手工环节。这个环节不需要使用太复杂的材料，只需要用到超轻黏土和A4纸。孩子们可以用超轻黏土制作自己的卡通形象，并以此为基础进行自我表达和介绍。在这个过程中，孩子们需要描述自己的作品："这是谁？他有怎样的特征？他有哪些优点？"这样的活动能够锻炼孩子的表达能力，也能提高他们的自信心。

对于家长而言，在这个环节中，家长可以观察孩子的表现，发现孩子的闪光点。同时，家长和孩子共读这本书，学习如何给孩子讲解绘本。家长还可以将自己代入孩子的角色当中，从孩子的角度去理解他们，增强与孩子的互动。

活动期间，如果家庭数量少于8组，建议家长和孩子分开坐。孩子在制作作品时，家长不要过多干预，这样有助于培养孩子的专注力。

当孩子在介绍自己作品时遇到困难，我们可以鼓励他们观察身边的伙伴，询问他们："通过观察，你发现这个小朋友或爸爸妈妈有哪些优点？"例如，我们可以说："你看，某个孩子在制作超轻黏土时非常细心，他在配色和塑造人物形象方面表现得多好啊！"用积极正面的语言给予对方反馈。

千万别忘记，在每一个人发言之后，我们都要给予他热烈的掌声。最后，邀请大家拍大合照就可以结束了。

儿童绘本读书会内容设计

良好的阅读习惯是让孩子一生受益的无形财富。要培养孩子的阅读习惯，除了父母自身要有阅读习惯并与孩子进行亲子阅读外，还可以让孩子和小伙伴们一起阅读并讨论，分享自己看到的内容。

我曾组织过一场儿童绘本读书会，参加读书会的人都是家长和孩子。在这场活动中，家长是旁观者，孩子是主角。家长负责鼓掌，孩子们担任主持人、分享者和倾听者。

办第一场儿童绘本读书会的初衷是为了锻炼我家孩子。她从小就有很好的阅读习惯，但很少去表达自己的看法。在这次读书会上，我让她担任了主持人的角色，以此为契机，让她更好地展现自己。

以下是我策划这次儿童绘本读书会的流程。

①开场：小朋友做自我介绍（名字、年龄、在哪上学、喜欢什么、擅长什么）。

②绘本阅读时间：每人10—15分钟（可选会场提供的书籍或鼓励孩子自带喜欢的绘本）。

③分享绘本内容：每位小朋友做分享（不强制，给予鼓励）。

④魔术表演：可以在小红书上搜索"家庭魔术"，现场教孩子表演，增加活动的趣味性。

⑤合照、盖章：我会提前购买读书会角色卡和荣誉护照，给每人发一本荣誉护照，让当主持人的孩子负责在护照上盖章，后续参与活动时再带到现场。

儿童绘本读书会可以培养孩子的八大能力：

①通过分享故事，提升孩子的表达能力。

②通过主持，锻炼孩子的控场能力。

③在规定的时间内到场，有助于培养孩子的时间观念。

④通过听故事，提升孩子的理解能力和倾听能力。

⑤聆听故事结束后，孩子给他人鼓掌，以此教孩子学会鼓励他人。

⑥分享自己阅读的内容，锻炼孩子的分享能力。

⑦在表达过程中，孩子们得到掌声，从而提升自信心。

⑧最重要的是，通过此次活动，孩子们能建立友谊，度过一段快乐有趣的童年时光。

家庭读书会的经验和方法可能对你有所启发，也可能并不适用，但不妨尝试其中某个方法，在你的家庭持续开展读书会。相信你会收获期望孩子持续提高的能力以及培养和塑造的品格，同时自己在陪伴孩子成长的过程中，成为更好的父母。

家庭读书会，共读促成长

■ 倩倩

资深领导力和个人素养培训讲师
亲子教育陪伴教练和终身实践者

缘起

疫情期间,我们居家在线参加了"高效能人士的七个习惯"的讲师认证培训,我惊讶地发现,不到6岁的孩子对原版书籍非常感兴趣,我开心地把书交给他,让他自己阅读。孩子已经积累了一定的识字量,所以我不担心他的阅读能力。过了一段时间,他回到房间问我:"妈妈,你不是说'坚持学习'是一个好习惯吗?那为什么不在这七个习惯里呢?"这个突如其来的问题着实让我愣住了,随后我开心地对他说:"这是个好问题呀,妈妈很高兴看到你在读书时进行了思考,你愿意继续读下去,并在其中寻找答案吗?"受到鼓励的孩子半信半疑地离开了。

几天后,我下班刚进家门,就见他兴冲冲地跑过来:"妈妈,心智和心灵是什么意思?"我一边脱鞋一边问:"你在做什么呢?"只见他昂起头,开心地说:"我找到了,学习这个好习惯在《高效能人士的七个习惯》里。"我故作疑惑地说:"哦,是吗?快来跟我讲一讲。"他拉我进房间,然后开始给我指书上第七个习惯的位置,详细阅读相关文字,分享他对不断更新的理解,以及自己以后如何不断更新。我一方面惊讶于他的坚持不懈,一方面又赞叹他的独立思考能力,才6岁的孩子已经能从问题出发,带着问题去阅读,思考如何加以运用。我拉着他坐在我身边,肯定他钻研的精神,然后试探性地邀请他是否愿意和我一起进行深度阅读。他几乎不假思索地答应了,于是我们的家庭读书会就这样开始了。

试运行

(1) 中文绘本

考虑到孩子的兴趣和可持续发展,我选择了适龄的中文绘本作为第一批阅读书目。但在阅读的时候,抛弃了原来的简单阅读,开始将读书会的一些方法加进来。

第一步:找一找。

在原来读给他听的基础上,我会在读完以后问他 5W1H 问题。例如,这本书是关于谁的?在什么时间?什么地点?发生了什么事情?为什么会发生?怎么发生的?刚开始的时候,进行得挺顺利的,偶尔遇到小的遗漏或者偏差,再完善一下就可以全面掌握故事内容。

我一开始罗列 5W1H 问题的时候,是逐条写的。读到复杂的故事时,就开始使用思维导图。这样孩子不仅通过 5W1H 掌握了故事梗概,还学会了思维导图这个工具。

第二步:讲一讲。

掌握了绘本的 5W1H 运用后,我开始让他尝试复述这个故事。他最初只会简单地复述,遇到他特别感兴趣的故事,我会请他站在故事垫的中间,像表演一样去讲述故事。渐渐地,孩子的表达能力和思辨能力越来越强,被他爸爸的同事称为"社牛宝宝"。

第三步:想一想。

复述结束后,我会给予孩子肯定,然后问他:这个故事说明了什么呀?为什么这个这么重要?你还有其他的思考吗?如果是你,你会怎么做?孩子对很多问题不理解时,我会分享我从这个故事中看到了哪些品质和精神,这些品质和精神对一个人的意义是什么。慢慢地,孩子开始进行深度思考。有时候不用我引导，就会表达一些自己的想法。

第四步：拓一拓。

第四步是后来增加的，随着孩子阅读量的积累，很多绘本或者故事的内涵相似，所以他在读完后就自然联想到之前看过的内容。借此机会，我也和孩子一起复习和串联所学知识。除此之外，孩子对某些内容会表现出明显的兴趣，我们也会借此机会拓展更多相关的内容，印象最深刻的是找故事与成语、古诗之间的联系。通过这种方式，一下子就让孩子学会了举一反三，掌握了讲故事的能力。有时候一个故事、四个字或一首诗就可以表达相同的意义，如何用就反映了表达者的能力。

（2）英文绘本

体验了中文绘本的乐趣后，我们很顺利地将以上四个步骤应用到英文绘本上。按照计划进行，孩子收获了英文口头表达和写作能力，这使孩子越来越愿意参加读书会。

（3）诗歌

稍微有些难度的是诗歌的学习。此前，孩子的诗歌学习只停留在背诵层面，很少系统地了解诗歌的内涵、诗人的背景等信息。因此，我们首先选择了带有诗歌文字、大意注释、创作背景的书籍，这样一来，诗歌对孩子而言不再是一段难以记忆的文字，而是生动的历史画面。2023年中秋，孩子在学校的画画课上创作了一幅作品。回来后，他又再次创作，将李白的四五首诗都融入其中。我大为赞叹孩子的创造力，而这一切都是源于读书会日积月累的阅读和学习。

再升级

随着读物的变化，读书会也实现了两个升级：一个朗读者角色发

生变化，开始是我们读给孩子听，逐渐变为孩子自主阅读；二是阅读方式发生改变，孩子从被动接受我们选择的读物，变成孩子主动寻找自己感兴趣的书籍。

(1) **长篇**

在爸爸的陪伴下，孩子对《三国演义》产生了浓厚的兴趣，于是我们开始了长篇读物的阅读。由于兴趣很强，孩子的阅读速度很快，在短期内就完成了漫画版、故事版《三国演义》的阅读。大量信息输入激发了他分享的欲望，所以直接跳过第一步"找一找"，进入"讲一讲"，孩子声情并茂地给我们讲述他喜欢的角色、战役和策略等。随着讲述的深入，孩子已经不满足于单纯的信息输出，进一步延伸到"考一考"环节。孩子会向我们发起提问：是否知道五虎上将之首？是否知道"一个愿打一个愿挨"的出处？是否知道诸葛亮胜了几场、败了几场？哪个战役奠定了三国鼎立的格局？在这些问答过程中，我看到了孩子思考的深度。不论我们是否能回答这些问题，孩子都很愿意分享答案，这进一步推动了深度阅读。

当孩子对《三国演义》的学习达到一定深度后，我们又阅读了《西游记》和《水浒传》等作品。随着电影《封神榜》的上映，孩子的兴趣又转移到其他类似的神话故事上。随着对越来越多历史故事的深入了解，再结合前面古诗词的积累，孩子突然对历史产生了浓厚的兴趣。于是，阅读再次升级到了"通识篇"。

(2) **通识**

通识教育的第一个领域是历史。我为孩子选择了《如果历史是一群喵》这套特别优秀的教育资源，其中包括视频、音频和图书。结合不同的素材，孩子快速掌握了中华五千年的历史脉络。家庭读书会进入新的阶段，孩子自主阅读，但是我们依然保留"考一考"的核心环节。在晚饭后和临睡前的时间段，我们会互相考一考。大家轮流出题，可能是判断题，也可能是选择题或问答题，最后看单位时间内谁的准确率更高。

在这种历史问题的持续互动中，孩子对地理又产生了很大的兴趣。从最初的各朝代建都地点，到山川河流的变化，孩子已经不满足于文字描述，开始研究等比例缩小的地图、山脉图、地质图、气候图等。

我们突然发现孩子像一块海绵，对知识有无限的吸收能力。在这个过程中，我们也逐渐从读书会的主导者变成辅助者，主要负责书籍购买和提供阅读方法。他会结合自己的兴趣、目的进行泛读和精读，绘制历史时间线、思维导图和视觉绘画等。

所有的这些变化都发生在过去10个月里，可能你会质疑，或许认为我们家娃比较爱看书、擅长学习，其实在最开始，情况并没有那么理想。因为工作要求和个人兴趣，我和孩子爸爸都很爱看书、买书，也给孩子买了大量的书，但并非所有的书都是孩子喜欢的，阅读时间和深度也不尽相同。

自从开展家庭读书会以来，已购书籍的阅读比例大幅度提高，而且孩子也没有特别挑书，对各类书都很有兴趣。随着阅读水平的提升，他收获的不仅是知识，还有读书的能力，掌握了阅读、记忆和表达的方法。虽然他还很稚嫩，毕竟只有6岁，但是相信这些能力在未来的学习、生活中将发挥重要作用。更加重要的是，家庭读书会是超高质量的亲子陪伴时间。这段时间里，我们通过读书帮助孩子收获知识、提高能力，同时进行了丰富多样的互动，如考试、讨论甚至辩论。我们很乐意被孩子考倒，很开心被孩子的知识储备"碾压"，也很惊喜地看到他将古诗融入绘画，听到他用故事、古诗、典故类比他身边发生的事情。

家庭读书会的经验和方法可能对你有所启发,也可能并不适用,但不妨尝试其中某个方法,在你的家庭持续开展读书会。相信你会收获期望孩子持续提高的能力以及培养和塑造的品格,同时自己在陪伴孩子成长的过程中,成为更好的父母。

> 对内,个人的认知和能力通过举办读书会得到提升;对外,读书会有助于个人品牌影响力的建立,并在维系客户群体方面有很大的收获。

读书会创始人

举办自己行业的读书会

■ 邱春良

RFP(国际注册理财师)授权讲师
养老规划师团体标准评审专家
FO(家族办公室)财富管家

你翻开这本书，想必你一定是位热爱阅读的朋友。那么，你有没有参加过读书会活动呢？你有没有想过根据自己的工作和兴趣，组织一个行业读书会呢？希望通过此文，让你找到做行业读书会的价值、动力和方法。

读书会作为一种互动的活动，多位伙伴聚集在一起，共读一本书，达到深度联结和共同学习进步的目的。随着互联网科技的飞速发展，读书会也早已从传统的面对面交流形式转变为线上视频的方式，让天南海北的朋友能够就一本书或一段文字进行交流和讨论。这也让举办读书会活动的门槛变得更低。

成为行业读书会创始人的价值

为什么要做自己行业的读书会呢？首先对于我们每个人来说，在毕业后的人生旅程中，阅读在任何情况下都是一种重要技能。读书能让人用最低的成本，拓展眼界和提升格局。尤其在当前被短视频、热搜充斥的碎片化信息时代，通过阅读一本书来学习某个新知识、了解某件事的来龙去脉变得越来越有必要。也就是说，不论做不做读书会，每个人都需要读书。然而，在读书的同时，如果我们能够举办针对自己行业的读书会，则会让自己在掌握书籍内容的同时，还有其他更大的收获。

首先，举办自己行业的读书会能够实现内外兼修。对内，个人的认知和能力通过举办读书会得到提升；对外，读书会有助于个人品牌影响力的建立，并在维系客户群体方面有很大的收获。

现在，无论从事哪个行业，自媒体是打造个人品牌的利器。然而，很多小伙伴苦于没有内容，有些人只分享个人生活，有些人则分享一些行业内的干货，在没有专业的团队、充足的时间和精力有限的情况下，想在同行中脱颖而出实属不易。此时，读书会是个很好的内容来源。首先，个人可以挑选与自己行业相关的经典书籍进行阅读。想必每个行业或多或少都会有自己的经典必读书目，通过阅读这些书籍，分享自己对内容的看法，可以引起共鸣，并树立起自己爱分享、喜欢阅读的人设。单这一点就可以和很多同行拉开差距。当然，如何将自己的阅读感受和内容相结合，以吸引更多读者，需要付出一定的精力。如果所在的行业或工作领域很小众，没有必读书单，可以选择通识类的经典书籍，如理财类、营销类、职场类、沟通类、经济学、管理类等大科目，这类书就非常多了。

如果举办行业读书会，一群人一起读，与他人互动将带来更多内容产出，也就无须再担心发自媒体的内容不够了。读书会这一形式，会让你与更多同行产生联系，让圈内圈外的人对你的工作和行业有另一个角度的认识和理解。渐渐地，自己喜欢阅读、热爱分享的人设就树立起来了。

成为行业读书会创始人的另一个好处是：对于自己所从事的工作有帮助。以我的工作为例，我是一名财富顾问，带有销售性质，通过举办读书会，可以在形成销售闭环的同时拓展收入来源。在销售过程中，我需要影响他人做出决策。从长期主义角度来看，更需要维护客户关系，保持与客户一定频率的互动。持续举办读书会活动能让更多人认可我的坚持和成长，这是一眼就能看到的好处。除此之外，通过读书会分享和讨论理财类经典书籍，能让目标客户对财富管理和理财有更清晰的认识，同时对我所从事的工作内容产生更多的理解。在这样的基础上，最后的签单就变成水到渠成的事。

还有一个大好处是读书会本身具有社交属性。随着每次读书会的举办，参加的人由少变多，新朋友和老朋友相互结识，作为读书会创始人的自己也会结交更多的朋友或者说潜在客户，品牌方或者线上卖书也会成为潜在的收入来源。

成为行业读书会创始人的另一个好处是提升圈层。在深度连接现有圈层的同时，实现圈层跃迁。在销售行业中，抓住高净值客户、企业主、上市公司老总等关键人物至关重要。这些成功人士普遍热爱阅读，深知读书能低成本地提升自己的眼界和格局，所谓的穷人思维和富人思维就是阅读的差距。**而读书会逐渐聚集同频的人，无论是行业内的还是跨行业的，每次活动都可能形成滚雪球的复利效应。**

做行业读书会的通用方法

以上是成为行业读书会创始人的价值，想必阅读到这里，你多少会有些行动了吧。具体如何做自己的行业读书会呢？有哪些方法呢？

首先确定目标人群。试想一下，我的读书会会对哪些人群有帮助？找到自己擅长的主题，分析哪些人群会对这个主题感兴趣。**其次，也可以考虑自己想要联结的对象**，是行业内的同行还是潜在客户？**最后，也可以找有共同爱好的人**，通过共同爱好找到合适的主题，因为共同爱好对于读书会的黏性有非常大的帮助。

读书会由两个重要组成部分构成：书和人。首先，通过具体的书目来让人选书。很多人想要阅读，但苦于没有充足的时间。通过读书会，参与者可以在1—2个小时或者半天时间内，了解一本书的主要观点，并且形成对自己工作有帮助的新认知。因此，在行业读书会初期，选择好书目非常重要，需要选择行业内或相关的经典书籍、畅销书籍作为共读的书目。当参加读书会的伙伴有收获时，他们就会把读书会分享给更多人，从而推动读书会的成长和发展。

另一个重要组成部分就是参加的人。读书会在人们阅读的过程中，为同行业或志同道合的人提供了一个记录的平台。在读书会活动中，书籍内容固然重要，但更引人入胜的是现场参加的人因各自经历和认知的不同，对同一本书、同一段文字甚至同一个词会有不同的理解和感受。在读书会现场，参与读书会活动的人相互分享心得体会，这一过程往往是最有收获的，也是最有趣的。**这也是个人阅读和参加读书会阅读的最大区别**。

我举办行业读书会的方法

因为我从事财富管理工作，重点关注客户退休养老资金的规划，我的行业读书会聚焦退休养老这一主题。随着 2022 年个人养老金制度的出台，越来越多的人认识到提早规划退休养老资金的重要性，但这个退休养老要提前规划的观念普及真的是从零开始。因为放在 30 年前，大家都没有存下多少钱，没有本钱规划。而在 20 年前，大家觉得有社保、养老金就足够了，不需要规划。随着经济社会的发展以及中国人均 GDP 达到 1 万美元之后，退休金的提早规划才被越来越多人重视。单靠社保养老和子女赡养是无法保障未来的养老生活的，因此，提前规划退休养老资金才能有更好的退休生活。

退休规划在财富管理行业中日益受到重视，但因为退休这件事对许多人来说还很遥远，是一种现在无法体验的生活或者状态，所以我想通过共读养老和退休主题的书籍，促进行业伙伴间的互动交流，同时也能对自己身边的朋友和潜在客户产生影响。在筹备读书会时，我筛选了自己过去已读的退休、养老相关的书籍，以及罗列的必读书单，并根据可读性、知名度做了分类整理。我采用拆书的方式，提炼书中的重要内容、观点和实践方法，将其转化为文字。随后，将这些文字逐渐录成视频，发布到自媒体平台上。

我在行业内建立了专门的微信群，把自己读书的干货内容分享到里面，让更多人知道我正在做行业读书会。在沉淀了一段时间后，我就开始组织线下面对面的读书会，为行业内来自不同公司的人们提供了一个平台，让他们因为同一本书或者同一个主题能够聚在一块。我们互相交流书中的内容，分享工作上的收获和感悟。

以上是我举办行业读书会的方法，希望能够对正在阅读此篇文章的你有所启发。我相信每个行业都需要有自己的行业读书会。在现代社会，读书是每个人必不可少的习惯，阅读能力更是每个人在 AI 智能时代中必不可少的竞争力。**而读书会则是最佳的载体，它不仅能树立个人品牌和提升个人内外实力，还能帮我们结识很多好朋友，为个人的成长和工作助力。**

读书会创始人

亲子家庭读书会是一种丰富多彩的家庭活动，有助于增进家庭成员之间的感情，培养孩子的阅读习惯，并传承深刻的价值观。

如何开展亲子读书会？

■ 羽桐

亲子阅读指导师
DISC 认证讲师
家庭教育指导师

亲子家庭读书会是一种丰富多彩的家庭活动，有助于增进家庭成员之间的感情，培养孩子的阅读习惯，并传承深刻的价值观。它的具体价值如下：

①增强亲子沟通和联系。

在日常生活中，家庭成员往往各自忙碌，读书会为家庭成员提供了一个宝贵的机会，让大家坐下来一起聊天、分享、欢笑和互动。这样的时刻有助于家庭成员更好地了解彼此，建立更紧密的联系。

②培养阅读习惯。

在电子屏盛行的时代，培养孩子的阅读兴趣显得尤为重要。亲子读书会可以激发孩子对书籍的兴趣，使他们更愿意阅读纸质书本，培养良好的阅读习惯。

③分享知识和价值。

通过共同阅读和讨论书籍，家庭成员可以分享各自的见解、经验和价值观。这有助于传承家庭优良传统，引导孩子树立正确的价值观，并在生活中做出更好的选择。

④提升情感智慧。

阅读不仅能丰富知识，还可以提高情感智慧。亲子读书会可以帮助孩子理解他人情感，培养同理心和解决问题的能力。

⑤减轻压力。

亲子家庭读书会是一种愉悦的方式，能够减轻生活中的压力，增强家庭成员之间的幸福感。阅读有助于减轻焦虑，促进心理健康。

⑥创造美好回忆。

亲子读书会为家庭成员留下了难以忘怀的美好回忆。孩子们将会珍视这些与父母一起度过的阅读时光，这将是他们生活中的宝贵经历。

亲子家庭读书会是一个独特的机会，可以增进家庭成员之间的亲情，促进成长和教育。无论是翻开一本新书，还是聆听一个故事，这样的活动都可以为家庭带来更多的欢乐。

下面为大家介绍亲子家庭读书会的主持流程。

①**开场。**

热烈欢迎所有家庭成员参加读书会，表达幸福和喜悦的情感。

②**介绍图书。**

简单介绍本次阅读的图书，提供一些背景信息，以激发家庭成员的兴趣。

③**自由阅读时间。**

给家庭成员设定一段阅读时间（通常15—20分钟），提前确定阅读章节，或者允许家庭成员自由选择阅读部分。

④**家庭成员分享。**

邀请每位家庭成员分享他们在阅读过程中的感悟或观察，可以问一些开放性问题，如"你在书中发现了什么有趣的事情？"或"你对书中的角色有什么看法？"以确保每个人都有机会分享。

⑤**主题讨论。**

根据图书的主题，提出一些问题，引导家庭成员进行深入讨论。这有助于家庭成员更深入地理解书中的内容。

⑥**亲子互动。**

安排一些与图书相关的亲子互动活动，如剧情重现、手工艺制作或角色扮演。这有助于将图书的故事和主题与实际生活联系起来。

⑦**结束和总结。**

在活动结束前，总结本次读书会的亮点和需要改进的地方。感谢家庭成员的参与，并提前公布下一次读书会的时间和图书。

⑧**自由交流时间**。

在正式活动结束后,留出一些时间供家庭成员自由交流,分享更多的想法和感悟。

下面我用《小王子》这本书来模拟一下亲子家庭读书会的现场。

①**开场**。

主持人:亲爱的大宝、二宝和爸爸,欢迎来到我们的亲子家庭读书会!今天,我们要一起阅读一本充满奇幻与哲思的经典之作——《小王子》。你们都准备好了吗?

②**介绍图书**。

主持人:《小王子》是一本来自法国的经典童话,它不仅是一本儿童名著,也适合成年人阅读。我们将探讨小王子在不同星球上的经历,以及书中的一些深刻哲理。

③**自由阅读时间**(可以提前约定共同读哪一章节,也可以选择自己喜欢的章节)。

主持人:现在,我们每个人有15分钟的阅读时间,请大家翻开书自由阅读。小王子的冒险之旅正在这本书中等待我们去探索。

④**家庭成员分享**。

主持人:好了,大家读完了吗?让我们分享一下自己的感悟和想法吧(家庭成员逐个分享,主持人给予适时鼓励)。

⑤**主题讨论**。

主持人:现在,让我们深入探讨书中的主题。友情和责任是这个故事的重要部分,大家对此有什么看法?

⑥**亲子互动**(提前设定好对话剧本)。

主持人:这一环节将会非常有趣!让我们一起玩一些亲子互动游戏。每个家庭可以选择成为一个小行星上的生物,如小王子的玫瑰花或狐狸，然后从他们的角度进行对话和互动。让我们在想象中探索这些星球吧！

⑦结束和总结。

主持人：感谢大宝、二宝和爸爸参加今天的亲子家庭读书会，真的是充满欢乐和幸福的一个小时！下一场读书会将在两周后举办，我们将一起踏上新的冒险之旅。敬请期待！

⑧自由交流时间。

主持人：现在，我们留出一些时间供大家自由交流。大家可以聊天、分享心得，或者继续讨论我们今天的主题。这是一个增进友谊、促进亲子关系的好机会。

在组织亲子家庭读书会的过程中，经常有家长问我该如何选择图书。选择适合亲子家庭读书会的图书是关键，因为它将影响每一次读书会的趣味性和质量。以下是一些建议。

①考虑年龄和兴趣。

首先，了解家庭成员的年龄和兴趣。不同年龄段的孩子可能对不同类型的图书有不同的偏好，确保所选图书适合各年龄层的家庭成员。例如，如果您的家庭成员包括幼儿和青少年，您可以选择一本经典绘本，如《小熊维尼》（适合幼儿），和一本受欢迎的中篇小说，如《哈利·波特》（适合青少年）。

②了解家庭成员的阅读水平。

如果您的孩子年龄差异较大，但您希望他们都能够参加，您可以选择一本适合年幼读者的书，如《小骑士迈克》（幼儿读物），并提供青少年版本给年长的孩子，以满足不同阅读水平孩子的需求。

③关注主题和内容。

根据您的亲子家庭读书会目标，选择与主题和内容相关的书籍。如果您想强调友情或家庭关系,可选择如《小屁孩日记》等涉及友情和相互尊重的图书。如果您希望激发对科学的兴趣,可以选择科普图书。

④**参考图书评价和评论**。

查阅图书评价和评论,了解其他家庭或教育专家对图书的看法。您可以在图书馆、在线书店或自媒体上找到这些评论。

⑤**参考书单和推荐**。

许多图书馆和教育机构提供了适合亲子阅读的书单和推荐图书,这些资源可以帮助您快速找到合适的图书。例如,学校和图书馆可能会提供一个年度书单,包括适合不同年龄段的图书,如《查理和巧克力工厂》(小学年龄)和《小王子》(中学年龄)。

⑥**与家庭成员商量**。

如果可能的话,与家庭成员商量图书的选择。这有助于增加参与感,并确保大家都对所选图书感兴趣。例如,您的孩子可能对某个系列或题材感兴趣,他们的建议可以在最终选择图书时考虑进来。

⑦**注重多样性**。

尽量选择多样化的图书,涵盖不同文化、背景和经验。这有助于拓宽家庭成员的视野,促进对多样性的理解。

⑧**规划图书顺序**。

如果您计划举办多次读书会,考虑图书顺序。您可以按照特定主题、作者或类型来规划。

一旦您明确了这些要点,您就可以开始搜索适合亲子家庭读书会的图书。记住,选择图书是一个动态过程,可以根据家庭成员的需求和反馈进行调整。关键是确保所选图书能够激发家庭成员的兴趣,促进深入的讨论和亲子互动。根据家庭的具体情况和目标,您可以灵活地选择合适的图书。

> 剧本杀要在B端读书会中形成气候，离不开好看、好玩、好落地的轻量级"三好"措施。

读书会创始人

闭坑剧本杀，打造三好读书会

■ 张伟

绩效改进师
报联商认证讲师
锵锵书院授权讲师

受疫情影响，近几年读书会变现越来越难。我们观察行业未来的走向，可以关注风口上的猪怎么飞。樊登读书会作为 B 端读书会的佼佼者，满足了 B 端客户"既要、又要、还要"的需求，即讲书时间不能过长，一般不超过 3 小时，以免影响正常生产和工作；选择的图书多为致用类，要与工作实际相结合，让听众能立即应用到实际工作中，参与者最好能提交 300 字左右的心得体会；参与者平时工作压力大，活动过程注重丰富多样，起到缓解压力的作用。

要求	目的
时间短	避免影响生产
致用类	对工作有帮助
花样多	缓解员工压力

读书会作为一种培训的形式，确实需要关注学员筛选、教学目的、内容结构设计以及教学过程设计等方面。为了增强学员的体验感和获得感，过去的培训经常采用工作坊、行动学习、翻转课堂等各种形式。如今，剧本杀也开始入局读书会。

剧本杀起源于欧美桌游，由角色扮演衍生而来，通常分为三大类型，分别是英式侦探桌游、德式版图桌游和美式冒险竞技桌游。在国内，根据不同的维度划分，有以下不同种类：

分类方法	主要类型
是否使用超自然元素	本格本、变格本、新变格本
玩家体验	硬核推理本、情感沉浸本、主题氛围本
剧本结构和玩法	故事还原本、机制本、阵营本
剧情和流程	封闭本、开放本

完整的剧本杀，包括人物剧本、线索卡、剧情公示、组织者手册（DM手册）和玩法说明五项。其中，线索卡与道具相互配合，为解锁任务打开局面。将剧本杀引入读书会，需要避免踩中以下四大坑。

坑一：经济得不偿失。

把剧本杀包装得高大全，导致成本过高，而可变现次数较少，使变现回报率降低。

坑二：开发周期过长。

为了做出高大全的剧本杀读书会，开发周期过长，但凡超过一个月的开发周期，都无法适应短平快的轻量型读书会的要求。

坑三：时长把握不准。

如果遇到难度高的剧本或者玩家参与度不高，可能会导致剧本杀读书会严重超时，从而使复盘时间不够，来不及总结书中的知识点。

坑四：玩家体验感差。

B端读书会的学员往往是组织安排的，同频程度不如C端剧本杀玩家，他们对于剧本杀的了解程度和参与热情各有差异。即使主持人主持技术再高超，也难以保证所有学员全程积极参与，从而阻碍了团队任务的推进，影响后期口碑。

避坑初级指南

要避开上面四大坑，首先要明确剧本杀的目的。

作为服务读书会的一种形式，如果剧本杀的目的重在体验书本情节（一般为文艺类书籍），那么重点放在"剧本"二字上，围绕角色扮演，追求共情。较为突出的就是历史主题剧本杀，如《与妻书》

《外交官》等红色剧本；如果重在推理、引导出核心知识点（一般为致用类书籍），那么重点就要放在"杀"字上，做好线索卡、道具卡，如《谁杀死了你的客户》《沉默的真相》等。

其次，为了适应甲方的要求，剧本杀读书会需要做相应调整。

①**角色分配**。C端剧本杀玩家人数在6人以内，只有一个主持人，0到若干个NPC（NPC可以理解为有上帝视角的非玩家角色，目的是推动剧情发展）。而在B端读书会，一般人数为20—50人，这时候学员需要分组，每个小组需要一个小主持人，并且允许2个人扮演同一个角色，具体如下图所示。

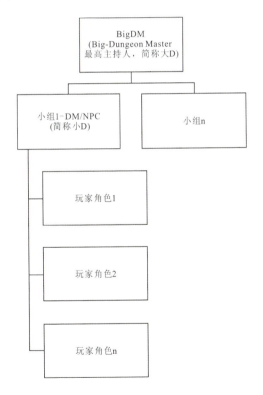

②**游戏形式**。B端的读书会受限于企业场地,氛围营造的手段相对单一,无法像市面上的剧本杀那样服、化、道全方位布景,且桌型大多是鱼骨形或者课桌型,因此桌游形式就成为主流。

③**严控时长**。将剧本杀时间控制在1—2小时,绝对不能超时。如果剧本按照0.5小时设计,深度玩家裸本测试的时候能够在1小时左右完成为佳,为B端初级玩家的过渡与适应留出一定时间。

④**剧本结构**。要从一整本书中提炼关键知识点,贯穿剧本杀全线,那么剧本结构要简单,一般以单核单线、单核多线为主,尽量避免多核交叉、平行螺旋、圆环等结构。在这里请注意"知识的诅咒",即剧本杀的设计者与玩家是不一样的视角,各自能力也不同,一个剧本放在设计者那儿,也许闭上眼的工夫就能解锁所有任务,而玩家也许需要1小时甚至更长时间。

⑤**复盘时机**。C端剧本杀为了避免干扰玩家,往往在游戏全部结束后复盘,而B端剧本杀附带强大的知识属性,因此需要及时复盘。简而言之,就是每个阶段的任务完成后都需要复盘。

打造轻量级"三好"剧本杀

剧本杀要在B端读书会中形成气候,离不开好看、好玩、好落地的轻量级"三好"措施。

"好看"并非视觉上的美感,而是指剧本的易读性和逻辑性,包括文本内容简洁明了,故事线和角色关系逻辑清晰,能让玩家一眼看懂。因此,剧本不需要各种华丽的辞藻堆砌,只要能说清楚、讲明白故事背景和任务要求就行。

"好玩"是指充分调动玩家的五感,即便在场地条件有限的情况下，也能借助各类玩法的花式组合，不断刺激玩家的感官。在轻量级的读书会中，我们推荐将奖惩制与解谜、随机制相结合，并以竞速制来把控时间。

解谜用于过渡各个环节，形式多样，如拼图、字谜、记忆力比拼、迷宫、锁、密码盒等形式。随机制通过抽签、掷骰子等方式比拼运气，最终决定玩家获得奖励或惩罚。奖励名目多样，可以是下一幕剧本的线索卡，也可以是游戏结束后的最佳推理奖、最佳演技奖等。惩罚道具可在网上购买，花样繁多，推荐抽签筒或者惩罚游戏 PPT，但在选择时需要遵循不过度消耗体力、不伤自尊、不触犯法律法规的基本原则。

竞速制是比拼速度。一种方式是在游戏进程中制造紧迫感，缩短玩家的思考时间，令其快速做出决策；另一种方式是玩家之间比拼积分数量，积分可以是魔法值、财富值、体力值等。竞速制在轻量级的读书会中不作为主推环节，而是一种辅助玩法。

"好落地"是 B 端读书会的显著特征之一，其主要体现在复盘环节的行动计划实施上。在现场环节，行动计划会被公布在墙上，玩家还需要在线上朋友圈或者群内进行打卡，让改变看得见。

轻量级剧本杀读书会流程

（1）精准选题

建议选择致用类书籍，根据参与者的职业和婚育情况，推荐亲子育儿、职场技能（沟通、时间管理等）等主题，因为此类书籍受众面广、变现渠道多、接受程度高。不建议选择夫妻感情类剧本，避免角色扮演过程中产生尴尬；也不推荐过于深奥的内容，毕竟受众面小，且改编为剧本的难度较大。

（2）知识结构

使用思维导图提炼书本中的核心知识点，按照黄金圈法则（Why-What-How）找准痛点，阐明概念，明确方法。同时，建立关键知识点对应的题库和案例素材库，题目与案例数量均控制在5个以内，各案例之间形成清晰的时间或者场景关系。

（3）打磨剧本

轻量级剧本杀多以现实生活中的案例故事为背景，避免了庞大的世界背景设定以及核诡设计，剧本设计应立足于现实，因为读书会结束后，要将所学知识落地。

剧本杀文本包括人物剧本（角色卡）、剧情卡、线索卡、组织者手册（DM手册）和玩法说明五部分，按照最便捷的方式设计如下。

①人物剧本（角色卡）。

通常有A4大小的剧本册或角色卡两类，建议使用角色卡，尺寸有$8\times11cm$、$14.5\times21cm$等，根据文本内容定尺寸。角色卡一般包含姓名、头衔（身份、职业）、介绍（性格、经历等）、任务目标、能力技能和注意事项。任务目标不要超过2个，避免玩家困惑。注意事项说明内容为不得暴力相向、不得私自泄露信息、不得破坏游戏氛围等，以保证游戏顺利进行。需要说明的是，任务目标如果过多，可以单独制定任务卡，或者在一定阶段设定共同任务。

②剧情卡。

此卡用于公开剧情，根据故事梗概切分不同幕，便于小组内各玩家在不同阶段内快速知晓公开信息。对于半天的读书会，建议剧情卡数量为2—5章。

③线索卡。

线索卡是为了辅助玩家完成任务而诞生的，换一种说法，线索卡就是解题思路。道具就是教具。二者相结合,有助于玩家快速解题,逐步接触书本的知识点。

好物推荐:网上有多种解谜类道具可供选择,一般选择书本和盒子的样式。这类道具既便于收纳,又适合将线索卡放置其中。例如,针对某个知识点,可以提供选择题和排序题,将答案和线索融入线索卡。

知识点题型	道具	玩法
选择+排序	摩斯密码卡及密码本	每张线索卡对应一个摩斯密码。摩斯密码破译后,按照顺序排列数字或者字母,按照顺序输入密码本的密码即可打开。
	五行机关盒(类似的有克莱因密码盒)	排序项筛选出5—6个,不同选项对应盒子不同面上的字母,按照正确顺序翻转盒子,即可打开。

④DM手册。

类似培训场景中的讲师手册,详细说明剧本杀全程的流程、操作方法和谜题解析,便于主持人有效控场。强调复盘内容一定要及时呈现,包括各阶段小复盘和最后总复盘。小复盘旨在讲解知识点,获得认同;总复盘旨在强化认知,公开行动承诺。

⑤玩法说明。

在文字描述不清的情况下,玩法说明还可以通过图片、教学视频等方式呈现。当然,如果是类似解谜、随机制等简单玩法,主持人口头介绍即可,无须另外设计物料。

(4) 剧本测试

在剧本杀正式应用于读书会之前，需要经过三轮剧本测试，分别是剧作者本人、初级玩家和资深玩家测试，以确保游戏过程的流畅程度、时间长短以及知识点理解的难易程度达到预期目标。

(5) 剧本使用

为了确保剧本杀在读书会中的应用持续优化，每次活动结束后，都要向学员征集问题与建议，不断迭代更新，避免开发出来的剧本变成一次性产品。